Institutionelle Immobilieninvestments
in Zeiten von Covid-19

Danièle Kira Sterchi · Michael Trübestein
Matthias Daniel Aepli

Institutionelle Immobilieninvestments in Zeiten von Covid-19

Danièle Kira Sterchi
Hochschule Luzern
Luzern, Schweiz

Michael Trübestein
Hochschule Luzern
Luzern, Schweiz

Matthias Daniel Aepli
Hochschule Luzern
Luzern, Schweiz

ISBN 978-3-658-37002-2   ISBN 978-3-658-37003-9   (eBook)
https://doi.org/10.1007/978-3-658-37003-9

Die Deutsche Nationalbibliothek verzeichnet diese Publikation in der Deutschen Nationalbibliografie;
detaillierte bibliografische Daten sind im Internet über http://dnb.d-nb.de abrufbar.

Springer Gabler

Gestaltung und Satz: Manuel Gächter, Oberegg
Lektorat/Planung: Guido Notthoff
Springer Gabler ist ein Imprint der eingetragenen Gesellschaft Springer Fachmedien Wiesbaden
GmbH und ist ein Teil von Springer Nature.
Die Anschrift der Gesellschaft ist: Abraham-Lincoln-Str. 46, 65189 Wiesbaden, Germany

Management Summary

Über Jahre hinweg haben direkte und indirekte Immobilienanlagen im In- und Ausland bei institutionell Investierenden an Attraktivität gewonnen. Einer der Gründe für die Verschiebung der Assetallokation von festverzinslichem Geld zu Anlagen in Realwerte ist dabei das aktuell tiefe Zinsumfeld auf dem Kapitalmarkt. Während vor einigen Jahren Überhitzungstendenzen die Stimmung des Immobilienmarktes prägten, sind es in den Jahren 2020 und 2021 die Auswirkungen der Coronapandemie. Ende 2019 brach das Covid-19-Virus aus und erreichte Anfang 2020 auch die Schweiz. Die Reaktionen mündeten in einen ersten Lockdown im Frühling 2020, gefolgt von einem weiteren im Winter 2020/21. Mit der Pandemie ist eine grosse Unsicherheit aufgekommen und verursachte dadurch einen wirtschaftlichen Abschwung. Die Pandemie hat dabei die Ausgangslage für die künftige strategische Assetallokation von institutionell Investierenden verändert. An dieser Stelle setzt die vorliegende Studie an. Es wird der Frage nachgegangen, welchen Einfluss die aktuelle Pandemie auf den Immobilienmarkt hat und welchen Stellenwert die Immobilien als Anlageklasse künftig bei Institutionen einnehmen werden. Zudem werden für die strategische Ausrichtung der direkten und indirekten Immobilienanlagen die gängigsten Megatrends aus der Immobilienwirtschaft beleuchtet und hinterfragt. In diesem Zusammenhang haben 53 Schweizer institutionell Investierende – mehrheitlich Vorsorgeeinrichtungen – an einer Umfrage teilgenommen. Die untersuchten Immobilienportfolios weisen mehrheitlich eine Übergewichtung des Heimmarktes – den Home Bias – aus.

Die Umfrageergebnisse zeigen, dass die Pandemie bis dato einen signifikanten Einfluss auf die Wirtschaft, aber nur einen bedingten auf den Immobilienmarkt hat. Die Widerstandsfähigkeit von Immobilien, bezogen auf die aktuelle Krise, variiert je nach Region und Sektor. Es stellte sich heraus, dass besonders der Wohn- sowie der Logistikmarkt von der neuen Ausgangslage profitieren können. Aufgrund steigender Preiserwartungen im Wohnsektor, wird eine weiter zunehmende Renditekompression in diesem Sektor erwartet. Einzelhandel, Büros an peripheren Lagen, Hotellerie und Kongresszentren gehören mit einem steigenden Leerstandsrisiko aktuell zu den Leidtragenden. Die Immobilien-Assetallokation der Befragten wird auch künftig stark auf direkte Immobilienanlagen im Inland ausgerichtet sein. Bei den inländischen Kollektivanlagen wird ein Substitutionseffekt durch indirekte Anlagen im Ausland erwartet. Die ausländischen Kollektivanlagen dürften künftig einen höheren Anteil im Depot einnehmen, mit dem primären Ziel eine bessere Risikostreuung mittels geografischer Diversifikation zu erreichen. Hierbei liegt der Fokus bei Märkten mit einem Wachstumspotenzial, guter Handelbarkeit und mit einer Stabilität in der Politik und im Gesundheitswesen. Das Devestitionsverhalten ist generell eher zurückhaltend, aus diesem Grund wird sich das immobilienbezogene Anlagekapital der Befragten kaum verringern. Folglich werden die Immobilienanlagen auch künftig einen wichtigen Stellenwert einnehmen.

Danksagung

Wir danken Hanspeter Konrad sowie dem Schweizerischen Pensionskassen-verband ASIP für die kontinuierliche Unterstützung sowie den sehr guten Austausch. Ferner möchten wir uns bei allen Umfrageteilnehmern für das Ausfüllen des Fragebogens bedanken.

Inhalt

Tabellenverzeichnis

Abbildungsverzeichnis

1 Einleitung

«Buy on the fringe and wait. Buy land near a growing city! Buy real estate when other people want to sell. Hold what you buy», vor über 100 Jahren wurde John Jacob Astor mit dieser Immobilien-Investmentstrategie zu einem der reichsten Männer seiner Zeit (Realty Mogul, ohne Datum). Ob diese Grundsätze der heutigen Zeit genügen, ist umstritten. Das aktuelle Tiefzinsumfeld macht viele risikoarme Anlageformen finanziell sinnlos (Saheb, 2019). Die gegenwärtige Situation, welche neben den Negativzinsen auch von der laufenden Pandemie (Covid-19) geprägt ist, stellt investierende Institutionen vor neue und teils unbekannte Herausforderungen.

Auf dem Schweizer Immobilienmarkt bilden Vorsorgeeinrichtungen eine bedeutende Gruppe investierender Institutionen. Im Jahr 2019 verfügten Vorsorgeeinrichtungen über ein Gesamtvermögen von insgesamt 772 Milliarden Franken, wovon knapp 25 % dem Immobilienvermögen zugeschrieben wird. Auf der Suche nach rentablen Anlagen haben Aktien und Immobilien in der aktuellen Zeit an Popularität gewonnen. So hat die Immobilienallokation in den letzten 20 Jahren um 45 % zugenommen und dies hauptsächlich zulasten von Obligationen (Swisscanto Vorsorge AG, 2020). Immobilienanlagen werden oft als optimale Alternative für risikoarme Anlagen angesehen. Die Hauptgründe, weshalb Vorsorgeeinrichtungen zunehmend direkt in Immobilien investieren, sind das Rendite-/Risikoprofil sowie der konstante Cashflow. Dank der Beimischung von Immobilien konnten Anlegende ihre Portfoliorendite steigern und gleichzeitig das Risiko minimieren. Die Umgewichtung im Depot ist auch der Volatilität des Aktienmarktes und den niedrigen Zinssätzen geschuldet. Aufgrund der sinkenden Renditen und steigenden Preisen in der Schweiz, dürfte ein stärkeres Auslandsengagement bei den Immobilienanlagen von Interesse sein (Finews, 2020). Ein weiterer Trend ist das starke Wachstum bei Kollektivanlagen. Im Jahr 2000 waren diese mit gerade mal 15 % vertreten, heute machen diese rund zwei

D. K. Sterchi et al., *Institutionelle Immobilieninvestments in Zeiten von Covid-19*, https://doi.org/10.1007/978-3-658-37003-9_1

Drittel des Gesamtvermögens aus. Eine ähnliche Entwicklung konnte im Bereich der indirekten Immobilienanlage festgestellt werden. Hier hat sich der kollektiv investierte Teil ungleich stärker als die Direktanlage entwickelt. Dies aus Gründen von Effizienzgewinnen und hohen professionellen Ansprüchen, welche dieser Markt mit sich bringt. (Swisscanto Vorsorge AG, 2020). Mit dem steigenden Interesse an Immobilieninvestitionen wird das Angebot knapper, wodurch die Identifizierung geeigneter Investitionen herausfordernder wird. In der fortgeschrittenen Gesellschaft zählen ferner Technologie, Umwelt und Demografie zu den neuen Werttreibern. Unter anderem deshalb steht der traditionelle Immobiliensektor vor Veränderungen sowie bei der Neuerfindung des physischen Raumes als auch bei der Betriebsart (z.B. Heizsysteme). Der Markt für nachhaltiges Investieren wird getrieben von der guten Performance entsprechender Anlagen sowie durch die gestiegene Nachfrage auf der Anlegerseite (Swiss Sustainable Finance, 2020). Zudem schaffen in aufstrebenden Volkswirtschaften vor allem eine wachsende Binnenwanderung, Bevölkerung und Mittelschicht einen überwiegenden Bedarf an städtischen Immobilien. Diese fundamentalen Veränderungen veranlassen daher viele Investierende zur Portfoliooptimierungen (Credit Suisse (b), 2020). Aktuell befindet sich die Gesellschaft inmitten einer Pandemie und es herrscht Unsicherheit über deren wirtschaftliche und soziale Auswirkungen. Angesichts dessen sind Institutionen weiter auf der Suche nach rentablen Investments. Da sich die Vorsorgeeinrichtungen der gesetzlichen Immobilienanlagegrenzen nähern, vermag das Ausmass eines wiederholten Investitionsschubs in Immobilienanlagen möglicherweise ins Stocken geraten. In Artikel 55 der Verordnung über die berufliche Alters-, Hinterlassenen und Invalidenvorsorge (BVV2), wird die Kategoriebegrenzungen der einzelnen Anlagekategorien in Bezug auf das Gesamtvermögen bestimmt, diese sieht für die Immobilienanlagen eine Obergrenze von 30 % vor. Eine weitere Herausforderung stellt die Moderne als Zeitalter der Beschleunigung dar, in der Wissen, technische Fertigkeiten und soziale Gewissheiten immer schneller veralten. Im Hinblick auf die aktuelle Situation ist fraglich, ob Covid-19 als Beschleuniger von Megatrends in der Immobilienwirtschaft bezeichnet werden kann und welchen Stellenwert diese Immobilien-Assetklassen bei Institutionen künftig einnehmen wird.

1.1 Zielsetzung und Forschungsfragen

Das Ziel dieser Studie besteht darin, die Veränderungen und Phänomene in Zeiten von Covid-19 am Immobilienmarkt aus Sicht von institutionell Investierenden zu ermitteln. Die Pandemie dürfte als Be- oder Entschleuniger verschiedener Faktoren langfristig eine Wirkung auf den Immobilienmarkt haben. Des weiteren wird der Stellenwert der direkten und indirekten Immobilienanlageklassen im In- sowie Ausland bei den Befragten untersucht. Bei dieser empirischen Forschungsarbeit werden die benötigten Informationen mittels einer Online-Umfrage gesammelt. Die Umfrage wird an Anlegenden, wie Vorsorgeeinrichtungen, Versicherungen und Family Offices, welche in direkte und indirekte Immobilienanlagen investieren, verschickt. Mittels statistischer Analyse sollen Abhängigkeiten und Phänomene der beiden Immobilienanlagevehikel und pandemiebedingte Veränderungen in den Portfolios und im Immobilienmarkt identifiziert werden. Anhand der Umfrage soll ein unvoreingenommener Einblick für die Zukunft gewonnen und die Beeinflussung der Pandemie auf die Immobilienanlagen eruiert werden. Die vorliegende Arbeit setzte sich mit den folgenden Forschungsfragen auseinander:

- Welche immobilienspezifischen Veränderungen werden aus Sicht der Vorsorgeeinrichtungen am Immobilienmarkt hinsichtlich Covid-19 erkannt?
- Wie sieht die Immobilien-Assetallokation von Kollektivanlagen und Direktengagements künftig aus?
- Welchen Stellenwert nimmt die Assetklasse «Immobilie» in der aktuellen Krise bei Vorsorgeeinrichtungen ein und wie wird sich dieser künftig gestalten?
- In welche Richtung werden die Megatrends in der Immobilienwirtschaft von Covid-19 beeinflusst und entwickeln sich allenfalls neue Trends?

1.2 Gliederung und Aufbau der Studie

Im ersten Teil wird inhaltlich in das Forschungsthema eingeführt. Dabei wird der Forschungsstand, die Relevanz dieses Themas und die Forschungsfragen vorgestellt. Das Grundlagenkapitel bildet das Fundament der Arbeit. Hier werden alle Termini und zentrale Theorien zusammengetragen. Darauf folgt die Erläuterung des methodischen Vorgehens. Dabei soll ein Verständnis für den gewählten Ansatz und die methodischen Mittel zur Datensammlung und -auswertung vermittelt werden. Bestandteil der Datensammlung ist eine Online-Umfrage. Hierfür wird ein Fragebogen, welcher sich an die Forschungsfragen lehnt, erstellt. Im Hauptteil dieser Arbeit werden die gesammelten Daten aus der Umfrage ausgewertet und analysiert. Die Struktur der zu präsentierenden Forschungsergebnisse lehnt sich an die Gliederung des Fragebogens. Das heisst, beginnend mit dem Allgemeinen Teil – mittels deskriptiver Statistik, gefolgt von der explorativen Statistik mit dem Fokus auf die Forschungsfragen. Nachfolgend werden die gewonnen Erkenntnisse interpretiert und die Forschungsfragen beantwortet. Ergänzend dazu werden die Limitationen, welche während der Datenanalyse in Erfahrung gebracht werden, und weiterführende Forschungsmöglichkeiten erläutert. Die Schlussfolgerung sowie die Handlungsempfehlung befinden sich am Ende dieser Arbeit. Einbezogen in diesem Kapitel ist eine kurze Zusammenfassung der wichtigsten Erkenntnisse sowie die Implikation der Forschungsarbeit. Alle ergänzenden Informationen zur Arbeit, wie der Fragebogen oder ausführliche statistische Auswertungen befinden sich im Anhang.

1.3 Abgrenzung des Forschungsthemas

Die Arbeit konzentriert sich auf die Auswirkungen von Covid-19 auf direkte und indirekte Immobilienanlagen aus Sicht von institutionell Investierenden. Aufgrund des begrenzten und kurzen Analysezeitraums, von knapp einem Jahr seit Ausbruch und bis dato noch laufende Pandemie, ist das Ergebnis als Ausblick und Stossrichtung zu betrachten und nicht als abschliessender Befund. Des Weiteren reagiert der Immobilienmarkt, aufgrund seiner Immobilität und Illiquidität, auf Geschehnisse in der Wirtschaft und Gesellschaft zeitverzögert. Demzufolge handelt es sich bei dieser Arbeit nicht um eine faktenbasierende Analyse, sondern sie auferlegt die Einschätzungen der prognostizierten Auswirkungen aus Sicht der Befragten. Vorsorgeeinrichtungen, welche die grösste Teilnehmergruppe dieser Umfrage ist, sind bekannt für ihr risikoaverses Verhalten auf dem Kapitalmarkt und geben demnach nur ein Bild vom Ganzen ab. Daher sind Rückschlüsse auf die Eigenschaften der Grundgesamtheit der institutionell Investierenden in eingeschränktem Masse zulässig. Die Sichtweise anderweitiger Institutionen bleibt in dieser Arbeit unberücksichtigt. Das Forschungsgebiet beschränkt sich auf Immobilienanlagen und beleuchtet andere mögliche Anlageklassen eines Depots nicht.

2 Theoretische Grundlagen

In diesem Kapitel wird das Ziel verfolgt, die theoretischen Grundlagen für die vorliegende Studie darzulegen. Bei der Grundlagenausarbeitung wird mit den begrifflichen und inhaltlichen Elementen der Immobilienökonomie begonnen. Inhalt der ersten Abschnitte sind der Bestand der Immobilienwirtschaft und deren Bedeutung in der Wirtschaft im Allgemeinen. Auf mikroökonomischer Ebene werden die Charakteristiken und Merkmalen von Immobilien betrachtet. Aufgrund der Wechselwirkung zwischen der Wirtschaft und des Immobilienmarktes, werden vor diesem Hintergrund die Immobilienteilmärkte anhand des Vier-Quadrantenmodells dargestellt. Dabei werden die Besonderheiten im Vergleich zu anderen Wirtschaftsgütern hervorgehoben. Für die Auseinandersetzung mit dem Forschungsthema ist es zentral, das Grundverständnis und die Unterschiede der Immobilie zu kennen und verstehen. Aus diesem Grund wird auch die Immobilie als Investment beleuchtet, beginnend mit der Erläuterung der beiden Anlagevehikel sowie deren Entwicklung in den letzten Jahren. In Bezug auf die Umfrageteilnehmenden wird der Standpunkt der investierenden Institutionen, mit Fokus auf Vorsorgeeinrichtungen, erläutert. Das Kapitel der theoretischen Grundlagen wird mit der Zusammenfassung der ausgewählten Fachstudien vervollständigt. Die ausgewählten Fachstudien orientieren sich an den formulierten Forschungsfragen.

2.1 Die Bedeutung der Immobilienwirtschaft

Die ersten systematischen Ansätze zum Verständnis der Wirtschaft reichen bis ins 17. Jahrhundert zurück. Die Ökonomie ist im Allgemeinen die Wirtschaftswissenschaft. Sie lässt sich in die zwei Disziplinen Betriebswirtschaftslehre und Volkswirtschaftslehre unterteilen. Ersteres befasst sich insbesondere mit dem Wirtschaften von Unternehmen. Die Volkswirtschaftslehre

D. K. Sterchi et al., *Institutionelle Immobilieninvestments in Zeiten von Covid-19*, https://doi.org/10.1007/978-3-658-37003-9_2

dagegen umfasst den wirtschaftlichen Kreislauf von Personen im Zusammenhang mit der Produktion, dem Handel und dem Verbrauch von Gütern und Dienstleistungen. Dies schliesst den Einsatz von knappen Ressourcen und die Verteilung der Einkommen in der Gesellschaft mit ein. Der Boden, ebenfalls ein beschränktes Gut, ist Bestandteil einer Immobilie. Denn das Grundeigentum ist als immobiles Vermögen Teil des Gesamtvermögens. Je nach Nutzung der Immobilie ist zwischen Wohn-, Gewerbeliegenschaft oder unbebauten Liegenschaften (Brachland) zu unterscheiden. Der Boden gehört in der Volkswirtschaftslehre zu einer der drei bekanntesten Produktionsfaktoren. Die Immobilienökonomie ist also als ein Teil der Volkswirtschaftslehre zu verstehen, welche sich mit Immobilien und Immobilienmärkten beschäftigt. Sie analysiert wie die Immobilienwirtschaft und – märkte aus volkswirtschaftlicher Sicht funktionieren und sich verändern, wenn politische oder wirtschaftliche Faktoren miteinfliessen. Die Immobilienwirtschaft ist ein bedeutender Teil der Schweizer Volkswirtschaft.

Bedeutung der Immobilienwirtschaft Schweiz

Eine Studie vom Bundesamt für Umwelt in Kooperation mit Pom+ untersuchte diesen Wirtschaftszweig im Jahr 2014. Der Schweizer Gebäudepark umfasste 2014 rund 2.5 Millionen Gebäude mit einem Wert von rund 2.5 Billionen Franken, welcher sich auf eine Geschossfläche von über 940 Millionen Quadratmeter (m²) erstreckt. Zwei Drittel der Fläche werden zum Wohnen genutzt. Aufgrund der Marktgrösse ist es nicht erstaunlich, dass die Immobilienwirtschaft 11 % zur Schweizer Wirtschaftsleistung, dem Bruttoinlandprodukt, beiträgt. Der Anteil erhöht sich um weitere 7 %, wenn die Mieteinnahmen und die Eigenmieten der privaten Haushalte ebenfalls berücksichtigt werden. Immobilien gehören zu den wichtigsten Gütern der Gesellschaft. Dabei unterscheiden sie sich im Verwendungszweck. Für Privatpersonen dienen sie als Wohnraum, für Unternehmen als Flächen- und Raumressource und für die Öffentlichkeit haben sie eine kulturelle Bedeutung. Die Immobilienwirtschaft ist ein Wirtschaftszweig, welcher sich mit der Entwicklung, Herstellung, Bewirtschaftung, Vermarktung und Finanzierung von Immobilien beschäftigt. Er ist von der Langlebigkeit, zyklischen Schwankungen und heterogener Gestaltung geprägt. Hinsichtlich dieser Zweige gibt es verschiedene Akteure, welche innerhalb der Immobilienwirtschaft unterschiedliche Rollen wahrnehmen (Bundesamt für Umwelt

& POM+, 2014). Gemäss einer Untersuchung von Wüest Partner aus dem Jahr 2015, beträgt der Gesamtwert aller vermieteten Liegenschaften rund 1.6 Billionen Franken, nicht enthalten sind Eigentumswohnungen und Einfamilienhäuser. Die Wohngebäude haben gesamthaft einen Marktanteil von rund 54 % und die restlichen 46 % entfallen auf Gewerbeimmobilien. Rund 67 % des gesamten Wohnimmobilienmarktwertes ist im Privatbesitz. Die zweitgrösste Eigentümergruppe von Wohnimmobilien mit 17 % wertmässigen Marktanteil bilden die Institutionen. Eine differenzierte Analyse dieser Anlegergruppe zeigt, dass davon 41 % Pensionskassen, 25 % Versicherungen, 17 % Anlagestiftungen, 14 % Immobilienfonds und rund 3 % kotierte Immobiliengesellschaften sind. Bei den gewerblichen Gebäuden ist der Anteil von Institutionen bei 9 %, davon sind rund 28 % Pensionskassen (Wüest Partner & Bundesamt für Umwelt, 2015).

Vier-Quadrantenmodell von DiPasquale und Wheaton

Der Immobilienmarkt ist ein Markt mit anspruchsvollen Eigenschaften. Aufgrund seiner Komplexität kann dieser Markt nicht in einem klassischen Angebots- und Nachfragemodell abgebildet werden. Folglich ist der Immobilienmarkt aus ökonomischer Sicht in verschiedene Teilmärkte unterteilt. Die Marktergebnisse des Immobilienmarktes entstehen im komplexen Zusammenspiel unterschiedlicher Teilmärkte. DiPasquale und Wheaton entwickelten zum Verständnis ein statisches Modell, welches die Wirkung von Fundamentaldaten auf den Immobilienmarkt analysiert. Hierbei werden die Mechanismen und Wechselwirkungen des Immobilienmarktes in einem Vier-Quadrantenmodell abgebildet. Das Modell geht von der Annahme aus, dass sich die Immobilienwirtschaft zyklisch entwickelt und das Ziel des Gleichgewichts verfolgt. Aus diesem Grund stehen die abhängigen Determinanten auf den Achsen in Verbindung miteinander.

Das nachfolgende Beispiel zeigt die Interaktion der vier verschiedenen Teilmärkte bei *sinkenden Zinsen* auf. Die Richtung der zu erwartenden Einflüsse folgt im Gegenuhrzeigersinn ab und die Veränderung ist vom farblich hervorgehobenen Quadranten (rosa) abzulesen.

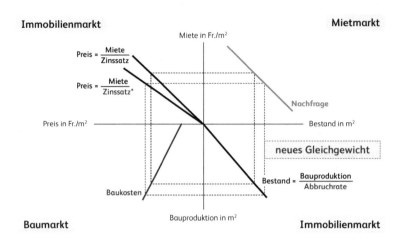

Abbildung 1: **Vier-Quadrantenmodell in Anlehnung an DiPasquale und Wheaton**

- **Immobilienmarkt** (Bewertung von Renditeobjekten und Eigenheime)
  Der Investment- oder Anlagemarkt wird durch den Transaktionspreis einer Immobilie und dessen Mieteinnahmen bestimmt. Bei sinkenden Zinsen führt dies in der Theorie zu höheren Bewertungen respektive höheren Transaktionspreisen. Dieser Markt widerspiegelt wie Investierende künftig zu erwartende Cashflows, das heisst Mieteinnahmen, bewerten. Ihre Bewertung wird durch den langfristigen Zins, Steuerpolitik, Abschreibungs- und Instandhaltungskosten der Immobilie, die relative Risikoprämie sowie durch die zu erwartende Wertsteigerung beeinflusst.

- **Baumarkt**
  Durch die gestiegenen Transaktionspreise können nun Projekte realisiert werden, die vorher nicht rentabel waren, dies regt folglich den Baumarkt an. In diesem Teilmarkt weisen die beiden Achsen (Transaktionskosten und Bauprojekte) eine positive Korrelation auf.

- **Immobilienmarkt** (Bestandesanpassungen)
  Ebenfalls in diesem Markt herrscht eine positive Korrelation zwischen den Determinanten. Eine erhöhte Baubereitschaft führt nach Abzug des altersbedingten Flächenabgangs (Abriss oder Umbau) zu mehr freivermietbaren Flächen, dadurch erhöht sich der Immobilienbestand.

- **Mietmarkt**

  Der in diesem Beispiel zuletzt vorkommende Teilmarkt widerspiegelt die Nachfrage nach Fläche. Dabei ist bekannt, dass die Wohnraumnachfrage eine tiefer Preiselastizität aufweist als die Gewerbeflächen, da Wohnen ein Grundbedürfnis ist. Dieser Teilmarkt bestimmt, auf Basis der verfügbaren Fläche, den Mietpreis. Bei einem steigenden Flächenangebot, wie in diesem Fall, sinken die Mietpreise. Dadurch verringert sich der Cashflow, welcher in Verbindung mit den Transaktionspreisen und dem Zinssatz (Diskontierungssatz) steht. In diesem Markt spielen viele makroökonomische Kenngrössen, wie ansässige Unternehmen, Arbeitslosigkeit, demografische Struktur, Kaufkraft und das Wirtschaftswachstum, einer Region eine wichtige Rolle.

Dieses Beispiels veranschaulicht, welchen Einfluss ein einziger ökonomischen Impuls auf den Immobilienmarkt haben kann. Das Vier-Quadrantenmodell ermöglicht es, die unterschiedlichsten Folgeszenarien hypothetisch abzubilden. Dieses Modell stellt einen Erklärungsansatz für den um das Marktgleichgewicht oszillierenden Marktpreis im Immobilienmarkt dar (Kurzrock, 2015).

Immobilien als Investment

Nebst der herkömmlichen Nutzung der Immobilie als Wohn- oder Gewerbeobjekt nehmen Immobilien ebenfalls in der Finanzwirtschaft eine zentrale Rolle ein, im Rahmen einer Anlage. Neben den bekanntesten Anlageklassen wie Geldmarktinvestments, Aktien und Obligationen, hat die Immobilie an Bedeutung gewonnen und gehört zur Kategorie der alternativen Anlagen. Im Bereich der Immobilienanlage wird zwischen direkter und indirekter Immobilienanlage unterschieden. (Bundesamt für Umwelt & POM+, 2014). Die Immobilien lassen sich in heterogene Nutzungsarten unterteilen. Die gängigsten Nutzungsarten wie Wohnen, Büro und Einzelhandel haben unterschiedliche Einflussfaktoren. Weitere Nutzungsarten wie Logistik, Altersresidenzen, Hotels oder Kongresszentren werden ebenfalls als mögliche Renditeobjekte betrachtet. Anbetracht der Investitionsstrategie tendiert der Investor zu eher risikoaverseren oder risikoreicheren Immobilienanlagen. Die unter Fachleuten verwendeten Begriffe für die Definierung der Investitionsstrategie sind im Groben *Core, Value-Add* und *Opportunistisch*. Dabei unterscheiden sich diese Strategien nicht nur hinsichtlich des

2

Risikoverhaltens, sondern auch über den Fremdfinanzierungsgrad, Standort (Makro- und Mikroebene), Lebenszyklus sowie die Haltedauer. Die Halte-dauer kann dabei zwischen mittel- (3–9 Jahre) und langfristig (unbegrenzt) variieren. Die drei Investitionsstrategien verfolgen unterschiedliche Ziele. Die Core-Strategie verfolgt das Ziel des geringsten Investitionsrisikos. Da liegt nicht nur das absolute Risiko zugrunde, sondern beinhaltet auch einen tieferen Fremdfinanzierungsgrad, sowie eine tiefere Leerstandsquote mit stabilen Ertragsrenditen. Zudem zieht das Management es vor, die Liegen-schaft im Portfolio auf unbegrenzte Zeit zu halten. Eine Value-Add-Strategie hingegen, zielt auf eine kurzfristigere Werterhöhung ab. Die Transaktions-schwerpunkte dieser Strategie fokussiert sich auf Produkte mit Wertstei-gerungspotenziale. Das heisst, dass die Immobilienmärkte diese Objekte unterbewerten, folglich wurde ihr Potenzial noch nicht ausgeschöpft. Gängige Annahmen von unausgeschöpftem Potenzial sind mehrheitlich auf der Ertragsseite zu finden. Entweder wurden die Marktmieten zu tief angesetzten oder die Einnahmen können aufgrund der Rechtslage dem aktuellen Marktniveau angepasst werden. Ein weiterer Grund könnte der Objektzustand sein, welcher den Nutzeransprüchen nicht mehr genügt und dies trotz attraktiver Lage. Ein wichtiger Faktor spielen auch die ökono-mischen Fundamentaldaten einer Volkswirtschaft. Vor allem dann, wenn diese positiv sind und noch nicht in entsprechendem Masse im Immobilien-markt manifestiert sind. Die Immobilienmärkte sind bekannt dafür, dass sie konjunkturell nachlaufend auf die Wirtschaftslage (Auf- oder Abschwung) reagieren. Dabei spielen nebst ökonomischen auch politischen Themen eine

Tabelle 1. Charakteristika der drei Investmentstrategien. Quelle: (Credit Suisse (a), 2017)

	Core	Value-Add	Opportunistisch
Risiko	gering bis mittel	mittel bis hoch	hoch
Fremd-finanzierungsgrad	< 40 %	40–60 %	> 70 %
Immobilien-spezifische Charakteristiken	bestehende Liegen-schaften mit geringem Leerstandsrisiko und stabilen Ertragsrenditen. Bei Gewerbeobjekten mit langjährigen Mietverträgen	• bestehende Liegen-schaften mit Sanierungs- oder Repositionierungs-bedarf • Projektentwicklungen an bestehenden Standorten	Spezialliegenschaften mit einer unsicheren Wirtschaftslage («Problem-liegenschaften»), Entwicklungsprojekte an B oder C-Lagen oder in Schwellenländer
Haltedauer	unbegrenzt «Hold»	4–10 Jahre	3–7 Jahre

immer zentrale Rolle bei der Risikoeinschätzung (Credit Suisse (a), 2017). Angesicht des tiefen Zinsumfeld gewinnt die Immobilienanlage an Attraktivität. Zumal der Investitionsdruck höher wurde und die Suche nach Alternativen zu den Obligationen mit vertretbarem Risiko oftmals in die Richtung von Immobilienanlagen geht. Bei einem Value-Add-Investment kommen in der Regel hohe Investitionen in die Sanierung, Modernisierung oder Neupositionierung eines Objektes hinzu. Ob sich die getätigten Investitionen am Ende tatsächlich als rentabel erweisen, ist auch bei aller Sorgfalt und grösstmöglicher Expertise nur bis zu einem gewissen Grad kalkulierbar. Es hat sich jedoch gezeigt, dass angesichts der aktuellen Tiefzinspolitik Investierende mittelfristig mehr in Value-Add-Investments planen. Diese Präferenz lässt sich aus dem robusten (europäischen) Wirtschaftswachstum und eine fundamental gesunden Immobilienkonjunktur begründen. Der Fokus der Value-Add-Investments liegt vor allem bei den Projektentwicklungen und Sanierungen an zentralen Lagen, als in neue und unbekannte Märkte einzutreten (Wiktorin, 2018).

In Anbetracht des Rendite-Risikoprofil der oben dargestellten Investmentstrategien weisen die Core-Investments das geringste Risiko und dementsprechend die geringste Rendite aus. Demzufolge sollte das Rendite/Risiko Verhältnis stets im Einklang sein. Ist dies nicht der Fall, ist ein Investment entweder zu unter- oder überbewertet, in Anbetracht der Rendite. Das gleiche gilt auch bei einem über- oder unterschätzen Risiko. Deshalb gilt unter den Anlegenden die Prudent Investor Rule. Diese vorsichtige Anlegerregel sieht vor, dass die Investierenden haushälterisch mit dem Anlagekapital umgehen und übermässig riskante Vermögenswerte, die zu einem starken Wertverlust führen könnten, vermeiden (Investopedia, 2021). Die primären Ziele bei Immobilienanlagen gliedern sich für die meisten Immobilieneigentümer in Sicherheit und Rentabilität. Im Rahmen von Vorsorgeeinrichtungen heisst das, die Kapitalerhaltung und Sicherung der Rente. Bei anderen Investierende liegt der Fokus bei der Renditeoptimierung und Diversifikation. Wobei bei den genannten Zielen keine klare Trennung herrscht, da zum Beispiel die Diversifikation auch zu Risikominimierung und folglich zur Sicherstellung des Kapitals als Ziel verfolgt werden kann (Kurzrock, 2017). Bei den Immobilienanlagen gibt es zwei Hauptanlagevehikel, die es den Anlegenden ermöglichen in Immobilien zu investieren. In den nächsten zwei Abschnitten werden die beiden Anlageformen vorgestellt und deren Unterschiede festgehalten.

Direkte Immobilienanlagen

Unter einer direkten Immobilienanlage wird der unmittelbare Erwerb oder die Entwicklung eines Objektes, die zur Eigennutzung oder Vermietung bestimmt ist, verstanden. Eine Immobilie ist nicht nur ein Wirtschaftsgut, sondern befriedigt auch ein Grundbedürfnis eines Menschen, das Wohnen. Immobilien zeichnen sich durch besondere Merkmale aus, die sie deutlich von anderen Wirtschaftsgütern unterscheiden. Dazu gehört die Standortabhängigkeit, welche auf ihre Immobilität zurückzuführen ist. Der Standort wird oftmals sogar als wichtigster Indikator betrachtet (Kunkel & Skaanes, 2016). Auf der Mikroebene haben Entscheidungen der Gemeinden im Rahmen ihrer Planungs- und Genehmigungshoheit hinsichtlich der Freiheitsgrade der Immobiliennutzung die Oberhoheit. Dies führt dazu, dass nebst dem vorher genannten exogenen Faktor auch die Heterogenität eine bedeutende Eigenschaft dieses Anlagetyps ist. Das bedeutet, dass es keine zwei identischen Immobilien gibt, da sie sich aufgrund ihrer Lage oft in Gestaltung und Nutzung unterscheiden. Die Nutzungsarten lassen sich in die Hauptkategorien Wohnen, Gewerbe und Spezialbauten unterteilen. Das Gewerbesegment beinhaltet Bürogebäude oder bauten der Industrie. Spezialbauten beziehen sich hauptsächlich auf Hotels, Einkaufszentren, Gastronomieimmobilien, Krankenhäuser, Altersresidenzen oder Freizeitimmobilien. Diese Heterogenität sorgt zusätzlich zu einer höheren Intransparenz des Immobilienmarktes. Ein weiteres wichtiges Merkmal von Immobilien ist ihre Langlebigkeit beziehungsweise der Lebenszyklus. Immobilien können im Vergleich zu den anderen Anlagevehikel, demnach mehrfach umgenutzt werden, so dass Neubauten mit bestehenden Immobilien konkurrieren (RICS, 2019). Ein Blick auf den Kapitalmarkt zeigt, dass sich Immobilien vor allem durch die hohe Kapitalbindung charakterisieren lassen, die ebenfalls hohe Transaktionskosten auslösen. Dies führt zu einer verringerten Fungibilität und Liquidität. Andererseits sind Immobilien aufgrund ihrer Einzigartigkeit, der Nicht-Korrelation mit dem Aktienmarkt und der geringen Volatilität, eine beliebte Investition zur Inflationsabsicherung und zur Diversifizierung des Portfolios (Kunkel & Skaanes, 2016). Diese Eigenheiten wirken sich auf die Struktur des Immobilienmarktes aus und unterscheiden ihn stark von anderen Märkten. Aus diesem Grund fliehen besonders Anleger in Krisenzeiten in Sachwerte, explizit in Immobilien (Vornholz, 2013). Immobilien lassen sich bezüglich ihrer Eigenschaften in drei Merkmale aufteilen. Die Eigenschaften sind in räumlicher, zeitlicher und finanzieller Hinsicht in der untenstehenden Tabelle gruppiert dargestellt:

Tabelle 2: **eigene Auflistung der Besonderheiten von Immobilien.**

räumlicher Hinsicht	Standortgebundenheit
	rechtliche Gegebenheiten
	Markt(in)transparenz
	hohe Komplexitätsgrad
	begrenzt substuierbar
zeitlicher Hinsicht	Realisierungsdauer
	Lebenszyklus
	ökonomische Nutzungsdauer
	technischer Fortschritt
	Absorptionsdauer
finanzieller Hinsicht	eingeschränkte Fungibilität
	eingeschränkte Liquidierbarkeit
	hohe Kapitalbindung

Indirekte Immobilienanlagen

Die Alternative zur Direktinvestition ist der Erwerb indirekter Immobilienanlagen. Indirekt, weil diesen Finanzanlagen kein direktes Sachvermögen unterstellt ist. Dabei liegt der Hauptunterschied bei den Eigentumsverhältnissen. Bei indirekten Anlagen erwirbt der Anleger Anteile eines Finanzintermediärs und dessen aus Immobilienvermögen erwirtschafteten Erträge. Indirekte Immobilienanlagen erfordern ein geeignetes Gefäss mit rechtlichen Strukturen, welches die Konzentration der investierten Mittel ermöglicht und Anlagen in Immobilien getätigt werden. Die Regulierung folgt im klassischen den kollektiven Kapitalanlagen gemäss dem Kollektivanlagegesetz (KAG). Eine Anlagestiftung wird zum Beispiel mittels Bundesgesetz über die berufliche Alters-, Hinterlassenen, und Invalidenvorsorge (BVG) geregelt (BVV 2, 2019). Wie bei der direkten Anlage gibt es bei der indirekten Form auch Anlagen mit Fremdkapitalcharakter, die klassischen Immobilienkredite und deren verbriefte Form zum Beispiel. Eine weitere Differenzierung der indirekten Anlagen ist der Handel. Beim Handel im Primärmarkt werden Wertpapiere direkt geschaffen beziehungsweise wieder liquidiert, während beim Sekundärmarkt der Handel von bestehenden Wertpapieren über eine Börse läuft. Folglich wechseln die Wertpapiere nur ihren Besitzer. Es gibt verschiedene Finanzprodukte, welche nicht-börsennotiert sind und welche Publikumsprodukte sind. Zu den Privatprodukten (nicht-börsennotiert) gehören Anlagevehikel wie offene und geschlossene Fonds, traditionelle Darlehen und Projektentwicklungskredite. Zu den Anlagevehikeln, welche an der Börse gehandelt werden, zählen Immobilienaktiengesellschaften, Real Estate Investment Trusts (REITs), Hypothekenpfandbriefe und Mortgage Backed Securities. Sowohl börsennotierte als auch nicht börsennotierte Handelsmöglichkeiten weisen Anlagevehikel mit und ohne Fremdkapitalcharakter auf. Der Wert der Anteile eines Anlagevehikels wird mittels Nettoinventarwert (Net Asset Value, NAV) ermittelt, davon abgezogen werden alle Verbindlichkeiten. Bei handelbaren Anteilen wird der massgebliche Preis jedoch durch Angebot und Nachfrage bestimmt, folglich kann dieser vom NAV abweichen. Dies kann zu einem Aufschlag (Agio) oder Abschlag (Disagio) gegenüber dem NAV führen. Der Handel mit indirekten Immobilienanlagen am Kapitalmarkt hat andere Funktionen, welche sich klar von den direkten Immobilienanlagen unterscheiden. Zum einen wird von der Losgrössentransformation gesprochen. Der direkte Immobilienerwerb bindet langfristig viel Kapital. Anlagevehikel dagegen aggregieren einen geringeren Kapitaleinsatz vieler Anleger zu einem grossen Kapitalvolumen. Immobilienaktien, Anteile an offene Immobilienfonds oder REITs ermöglichen Investitionen in Immobilien bereits mit einem geringen Anlagekapital. Der zweite Aspekt ist die Fristentransformation. Dank der höheren Fungibilität indirekter Immobilienanlagen lassen sich in der Regel diese Anlagen dynamischer handeln. Rein theoretisch können Aktien, REITs oder Fondsanteile börsentäglich gehandelt werden. Je nach Fondsvertrag unterscheiden sich die Kündigungs- respektive Rückgabedauer von mehreren Monaten bis hin zu Jahren. Eine Ausnahme bilden die Anteile eines geschlossenen Fonds. Der dritte Aspekt ist die Risikotransformation, für welche oftmals die Diversifikation als Synonym genutzt wird. Aufgrund des flexibleren und geringeren Kapitaleinsatzes besteht die Möglichkeit in verschiedene Immobiliennutzungsarten und Standorte zu investieren (Abegglen & Bianchi, 2017). Mit der erhöhten Diversifikation kann das Risiko im Depot reduziert werden. Schliesslich bildet der letzte Aspekt die Informationstransformation

Abbildung 2: Entwicklung der Indizes indirekter Immobilienanlagen. Quelle: (SIX, 2021)

ab. Aufgrund ihres heterogenen Charakters sind die Immobilien nicht miteinander vergleichbar und der Marktwert schwieriger herzuleiten. Oftmals wird die hedonische Methode zur Wertermittlung angewendet. Bei den indirekten Anlagen, vor allem bei den börsennotierten Vermögenswerten ist der Markt transparenter und informationseffizienter als der Immobiliensachwert. Zusammenfassend bieten indirekte Immobilienanlagen zwar Vorteile hinsichtlich Diversifikation und Handelbarkeit. Jedoch zeigt die Entwicklungen des Immobilienindizes sowohl jener der Immobilienaktien als auch die der Immobilienfonds eine Dynamik ausgehend von den Kapitalmarktrisiken (Fischer, 2019). Dies wird in der obenstehenden Abbildung 2 ersichtlich. Die abgebildeten Indizes von SXI Swiss Real Estate vereinen die fünf grössten und liquidesten Immobilienaktien sowie die zehn grössten und liquidesten Immobilienfonds aus dem SXI Real Estate Universum.

Während es mit Aktien im Fall einer Krise rasch zu einer Verkaufswelle und stark sinkenden Kursen kommen kann, sind die Fondsanteilen aufgrund der Vertragsstruktur weniger volatil. Das Kollektivanlagegesetz (KAG) räumt ihnen das Recht ein, ihre Anteile mit einer Kündigungsfrist von einem Jahr an die Fondsgesellschaft zurückzugeben. Aus diesem Grund zeigt der Immobilienaktienindex eine stärkere klare Reaktion auf die Finanzkrise (2007/08) sowie auf die Covid-19-Pandemie (Beginn 2020). Der Immobilienfondsindex weist dagegen eine geringere Volatilität aus. Die Korrelation mit dem Kapitalmarkt könnte als ein nicht beherrschbares Risiko betrachtet werden und als ein grösseres Risiko als das systematische Risiko einer Direktanlage. Demgegenüber bestehen aus Sicht eines Investors auch Nachteile bei indirekten Immobilienanlagen. Es besteht bei diesen Anlagenprodukten weniger oder kein Mitsprachemöglichkeit bei den Anlageentscheidungen. Weiterhin könnten operationelle und unter Umständen auch regulatorische/rechtliche Hürden im Rahmen der Bewilligungs- und Genehmigungspflicht bestehen (Abegglen & Bianchi, 2017).

Institutionell Investierende

Auf dem Kapitalmarkt gibt es verschiedene Akteure, welche sich in zwei Anlegergruppen unterteilen lassen. Oft wird von privaten und institutionellen Kapitalanlegenden gesprochen. Beide Anlegertypen haben eine Zulassung für die Anlage von Finanzinstrumenten. Die Hauptunterschiede zwischen den beiden besteht jedoch in ihrer Rechtspersönlichkeit. Im Gegensatz zu privaten sind institutionelle Anleger juristische Personen und können in unterschiedliche Rechtsformen auftreten und gelten überdies als professionelle Marktteilnehmende. Das heisst, es kann davon ausgegangen werden, dass diese Investierenden über hinreichende Kenntnisse und Erfahrungen für die Beurteilung der Risiken, welche mit diesem Investment in Verbindung stehen, verfügen. Aus diesem Grund wird ihnen ein stärker begrenzter Anlegerschutz zugetragen, als den Privatpersonen. Gewisse Finanzprodukte sind aufgrund ihres Risikoprofils nur für institutionelle, auch bekannt als qualifizierte Anlegende, zugänglich. Für die Finanzmärkte und demzufolge ebenfalls für die Realwirtschaft spielen die institutionellen Anleger eine wichtige Rolle. Denn mit ihrem erheblichen Anlagebedarf können sie grössere Pakete von diversen Finanzinstrumente kaufen und damit signifikanten Einfluss auf die Unternehmensleitung nehmen. Bei weniger liquiden Anlagen kann bei einem Aktienkauf unter Umständen den Kurs stark beeinflusst werden. Im Rahmen dieser Arbeit wird das Anlegerprofil von Vorsorgeeinrichtung genauer unter die Lupe genommen.

Vorsorgeeinrichtungen

Institutionell Investierende lassen sich in Versicherungs-, Investment- und Kapitalgesellschaften, Anlagefonds, Investmentbanken, Hedge Funds und

Vermögensverwaltungen, staatliche Organisationen oder eben Vorsorge-einrichtungen unterteilen. Diese Typen von Institutionen haben meist einen erheblichen und kontinuierlichen Anlagebedarf (Finanz und Wirtschaft, 2021). Vorsorgeeinrichtungen sind privatrechtliche Konstrukte und haben zu rund 98 % die Rechtsform einer Stiftung. Grössere Unternehmungen haben oftmals eine eigene Firmenpensionskasse, kleinere dagegen setzen meist auf eine Sammelstiftung und Mitglieder von Berufsverbänden schliessen sich oft einer Gemeinschaftsstiftung an. Alle haben ihren Zweck in der beruflichen Vorsorge (BVG) und leisten einen zentralen Beitrag zur Alters-, Hinterlas-senen- und Invalidenvorsorge. Um dem Anspruch einer sozialen Sicherheit gerecht zu werden, wurde die 3-Säulen-Konzeption aufgestellt. Die BVG, welche die zweite Säule darstellt, hat ihren Ursprung im 20. Jahrhundert und ist im Kapitaldeckungsverfahren finanziert. Dieses Verfahren besagt, dass die Sparbeiträge eines jeden Versicherten am Kapitalmarkt investiert werden. Das so angehäufte Vorsorgevermögen soll dem Versicherten im Alter als Rente und/oder Kapital ausbezahlt werden. In der Schweiz wird die BVG über Pensionskassen, welche eigenständige Rechtsträger sind, abgewickelt. Dies können Stiftungen oder sogenannte (Vorsorge-)Einrichtungen mit unterschiedlichen Versicherungsgraden (teilautonom oder vollversichert) sein (AHV/IV-Sozialversicherung, 2021). Die berufliche Vorsorge in der Schweiz umfasste 2019 mehr als 4.3 Millionen aktiv Versicherte und 1.2 Mil-lionen Rentner, welche einer der rund 1'500 Einrichtungen angeschlossen sind. Zum Vergleich im Jahr 2010, waren es noch 2'265 Vorsorgeeinrich-tungen mit rund 3.7 Millionen aktiv Versicherten und rund eine Millionen Rentner (BFS, 2020). Die Verantwortung für die Vermögensverwaltung der Vorsorgegelder der 2. Säule obliegt dem obersten Organ, dem Stiftungsrat. Der Stiftungsrat ist mit der Überwachung der Pensionskasse beauftragt. Er legt die strategischen Ziele fest und schafft die Grundlagen fürs Bestehen der Einrichtung. Dabei können gewisse Aufgaben an die Geschäftsführung delegiert werden. Eine weitere Aufgabe für den Stiftungsrat ist die Auswahl der externen Organe, wie Revisionsstelle, Rückversicherung, Depotbank und die Pensionskassen-Experten. Die Hauptaufgabe der Pensionskassen-Experten ist die Beratung der Vermögensverwaltung. Zentraler Steuerungs-prozess der finanziellen Führung ist das Asset-Liability-Management. Das Ziel des Asset-Liability-Management-Prozesses sind die nachhaltige Steue-rung der Vermögensanlagen und den Leistungsverpflichtungen gerecht zu werden. Hierzu werden realitätsnahe und kassenspezifische Chancen und Gefahren bezüglich der Vermögensverwaltung aufgezeigt. Für die Wahl der

Asset Allokation werden Lösungsvorschläge zur Risikominimierung und Handlungsempfehlungen für die Vermögensanlage abgeleitet. Zum einen wird die notwendige Rendite zur Erfüllung der Leistungsversprechen überprüft und zum anderen wird die erwartete Rendite des Anlagevermögens auf aktualisierter strategischer Vermögensallokation ermittelt. Daraus wird die Anlagestrategie abgeleitet, welche vor allem von der Risikofähigkeit der Kasse und der Risikobereitschaft der Entscheidungsträger beeinflusst ist (OAK, 2020).

2.2 Ausgewählte Fachstudien

Um einen Überblick über die aktuelle Lage der Vorsorgeeinrichtungen in der Schweiz zu gewinnen, wird auf die Pensionskassenstudie von Swisscanto vom Jahr 2020 eingegangen. Ergänzend dazu werden die bislang erforschten Auswirkungen von Covid-19 auf die Schweizer Wirtschaft und den Immobilienmarkt Schweiz präsentiert. Zu guter Letzt werden die aktuellen Megatrends in der Immobilienbranche vorgestellt.

Schweizer Pensionskassenstudie 2020

Die jährlich durchgeführte Pensionskassenstudie von Swisscanto untersucht die Situation der beruflichen Altersvorsorge in der Schweiz. An der Schweizer Pensionskassenstudie 2020, der 20. Ausgabe in dieser Reihe, nahmen 520 Schweizer Vorsorgeeinrichtungen teil. Die Studie befasste sich nicht nur mit den Auswertungen vom vergangenen Jahr, sondern kann auch auf eine ganze Reihe von Daten zurückgreifen und diese für eine Rückschau heranziehen. Die Studie befasste sich nebst den Umfrageergebnisse auch mit Daten vom Bundesamt für Statistik. Die Ausführungen können auf die Entwicklung der beruflichen Vorsorge von zwei Jahrzehnten zurückgreifen und damit auch Anlass für eine Standortbestimmung sein. Konjunkturelle Schwankungen in der Schweizer Wirtschaft sind in den 2000er aufgrund der Dotcom-Krise und des damit zusammenhängenden Börsencrashs aufgetreten. Weitere Veränderungen können mit dem technologischen Fortschritt, aber auch mit der soziodemografischen Struktur in Verbindung gebracht werden. Vor allem Letzteres stellt Vorsorgeeinrichtungen vor grosse Herausforderungen. Auffallend sind auch die enormen Performanceunterschiede. Als das Jahr

2019 noch als hervorragendes Anlagejahr, mit einer durchschnittlichen Rendite von rund 10.9 %, bezeichnet wurde, erreichte Anfang 2020 Corona auch den Europäischen Boden. Dank hoher Deckungsgrade und Wertschwankungsreserven wurde der Börsencrash Anfang März 2020 überwunden. Das Schweizer Vorsorgesystem lebt in einem grossen Spannungsfeld. Die Hauptaufgabe von Pensionskassen ist die Sicherung der Rente. Diese ist jedoch aufgrund von höheren Restlebenserwartungen und einem tieferen technischen Zinssatz ins Straucheln geraten. Die Datenreihe zeigt seit Beginn der Datensammlung eine abnehmende Zinsentwicklung. 2000 lag der Umwandlungssatz bei über 7 % und der technische Zinssatz bei 4 %. 2020 liegen die Werte bei rund 5.5 % bzw. unter 2 %. Während der technische Zinssatz stetig gesenkt wurde, ist der Verlauf der Verzinsung der Altersguthaben stagnicrt. Das tiefe Zinsniveau bremst den Vermögensaufbau der Erwerbstätigen und schmälert deren Altersguthaben. Des weiteren erhebt die Nationalbank seit rund fünf Jahren auf Geldeinlagen ab einer gewissen Summe Negativzins. Mehrheitlich grössere Kassen sind davon betroffen. Die Aussichten sehen eher düster aus, denn die Rentensituation wird sich auch in Zukunft eher verschlechtern. Die meistgenannten Gründe hierfür sind der tiefgreifende Strukturwandel oder soziodemografischer und regulatorischer Natur sowie die Anlagemärkte selbst. Aufgrund der Entwicklung der Fundamentaldaten führte dies auch zur Veränderung der Asset Allokation der Pensionskassen. Die Diversifikation wird unteranderem durch das Anlagereglement geregelt. Es besteht die Möglichkeit von den zugeordneten Limiten unter Vorbehalt einer ausreichenden Begründung abzuweichen. Durch diese Anlagebegrenzung sollen Klumpenrisiken in einzelne Anlageklassen verhindert werden, was die Vorsorgeeinrichtung hinsichtlich ihrer Stabilität unterstützt. Schlussendlich kommt es bei den Vorsorgeeinrichtungen und ihrer gesellschaftlichen Aufgabe auf die nachhaltige und langfristige Tragfähigkeit an. Wird ein Augenmerk auf die Allokation der Immobilienanlageklassen von Schweizer Vorsorgeeinrichtungen gerichtet, so konnte eine Veränderung der Asset Allokation festgestellt werden. Ab dem Jahr 2011 war diese Trendwende erstmals registrierbar (Abbildung 3). Die Verschiebung weist auf einen laufenden Rückgang der Obligationsanteile und dem gleichzeitigen Anstieg von Realwerten hin. Die Anteile weisen zu diesem Zeitpunkt nur einen leichten Rückgang von −1 % gegenüber der klassischen Aufteilung mit der Dominanz festverzinslicher Anlagen von rund 38 %. Diese Entwicklung wird dann vor allem im Jahr 2015 durch die Einführung der Negativzinsen akzentuiert. Dies führte zu einem Anteil von Obligationsanleihen von nur noch 30 %.

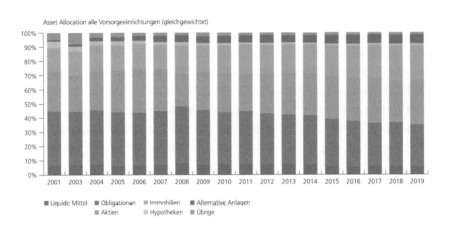

Asset Allocation alle Vorsorgeeinrichtungen (gleichgewichtet)

▪ Liquide Mittel ▪ Obligationen ▪ Immobilien ▪ Alternative Anlagen
▪ Aktien ▪ Hypotheken ▪ Übrige

Abbildung 3: Assetallokation der Vorsorgeeinrichtungen. Quelle: (Swisscanto Vorsorge AG, 2020)

Die massgeblichen Komponenten, welche zu einer Veränderung der Asset
Allocation führten, sind die Verfassung der Anlagemärkte, die Fundamentaldaten und das rechtliche sowie politische Umfeld. Diese Faktoren haben sich
seit 2000 in einem Ausmass verändert, was zu einer erheblichen Herausforderung für die Vorsorgeeinrichtungen wurde. Eine weitere Einfluss-
grösse wird jedoch als die schwerwiegendste betrachtet: Der Rückgang
der Zinsen bis in den negativen Bereich. Diese Zinsentwicklung führte zu
einer Senkung der 10-jährigen Bundesobligation von rund 4 % Rendite auf
0 % oder gar negativ im Jahr 2020. Seit fünf Jahren verharren diese zumeist
im Minusbereich. Diese Entwicklung der Bundesobligation wird in der
Entwicklung der Asset Allocation von Vorsorgeeinrichtungen gemäss der
Swisscanto-Studie wiedergeben. Die Situation auf dem Kapitalmarkt ist eine
Reaktion der Verschiebung von festverzinslichem Geld zu Realwerten. Eine
weitere Komponente, welche in den letzten Jahren ein starkes Wachstum
verzeichnen konnten, sind die Kollektivanlagen. Obwohl heute über 60 %
der Schweizer Pensionskassengelder in kollektiven Anlagevehikeln gehalten
werden, wird dieser Anlageklasse bislang nur wenig Aufmerksamkeit gewid-
met. Der Grund könnte der starke Anstieg von Kollektivanlagen, der innert
kürzester Zeit erfolgt ist sein. Zur Jahrhundertwende machten diese gerade
mal 15 % der gesamten Anlagen aus. Die Direktanlagen weisen absolut gesehen eine stetig positive Entwicklung aus. Die Assetklasse der indirekten

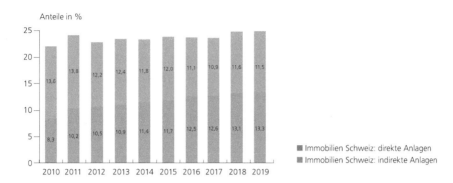

Abbildung 4: **Entwicklung von direkten und indirekten Immobilienanlagen.**
Quelle: (Swisscanto Vorsorge AG, 2020)

Immobilienanlagen entwickeln sich ungleich stärker als die Direktanlagen. Gemäss der Studie sehen die Vorsorgeeinrichtungen die tieferen professionellen Ansprüche und die mögliche Effizienzgewinne als Gründe für den Attraktivitätszuwachs kollektiver Immobilienanlagen. Im gesamtheitlichen Bild hat sich jedoch der Anteil der Immobilien im Jahr 2019 gegenüber dem Jahr 2018 leicht vermindert.

Swisscanto nennt hierfür die Spekulationen über eine mögliche Immobilienblase sowie den Mangel an geeigneten Objekten als denkbare Gründe. Eine Betrachtung der Vermögensanteile der letzten zehn Jahren zeigt eine stärkere Tendenz zu ausländischen Anlagen, sowohl bei Aktien wie auch bei Immobilien. Wobei die ausländischen Immobilienanlagen bei einem wesentlich tieferen Startpunkt (0.9 % im Jahr 2010) die grösste Entwicklung hinlegten. Während die ausländischen Aktien dagegen einen Anteil von 14.7 % im selben Jahr ausweisen. Hinsichtlich der Kassengrösse sind kleinere Vorsorgeeinrichtungen anteilsmässig stärker in indirekte und direkte Immobilien investiert als grosse. Der Anteil bei kleinen ist rund 30 %, während er bei den grössten Kassen unter 20 % liegt. Die Anlagestrategie von Vorsorgeeinrichtungen ist auf das Erzielen der jeweils erwarteten Rendite auserlegt. Einen Überblick über die Performanceentwicklung der vergangenen zehn Jahren zeigt eine hohe Volatilität der Werte. Der Mittelwert über alle Anlageklassen schwankt zwischen −2.81 % und +10.85 %. Dabei war das schlechteste Jahr 2018, aber gleich im darauffolgenden Jahr wurde der Höchstwert erreicht. Die Spanne der Performance im Jahr 2019 war enorm. Sie reichte von 3 % bis 19.3 %, wobei letztere von einer Kasse mit einem Immobilienanteil von 43 % stammt. Die Studie untersuchte in einem weiteren Schritt den Zusammenhang zwischen erzielter Performance und der Anlageklassen. Dabei wurden die Ergebnisse nach erzielter Performance aufgeteilt. Im Jahr 2019 wurden zwei Gruppen gebildet, Kassen mit einer Rendite gleich oder über 11 % und die Klassen mit darunterliegender Rendite. Es stellte sich heraus, dass jene mit einer Performance von weniger als 11 % im Durchschnitt mehr liquide Mittel, Immobilien und alternative Anlagen ausweisen als Kassen mit einem Rendement von 11 % oder darüber. Dagegen war der Aktienanteil geringer bei den Kassen mit der tieferen Rendite, da diese Anlageklasse im Jahr 2018 noch als nachteilig für die ausgewiesene Rendite galt. Ein wesentlicher Faktor für die Bestimmung der Anlagestrategie ist der Rentenanteil. Kassen mit einem durchschnittlichen Rentenanteil bei den Destinatären von 33 % weisen eine erwartete Rendite von 2 % aus. Die Konsequenz aus einem höheren Rentneranteil ist der hohe Obligationenanteil von 37 %. Dies entspricht einem rund 10 % höheren Anteil als bei Kassen mit einem durchschnittlichen Rentneranteil von 25 %. Der hohe Rentneranteil ist ebenfalls verbunden mit einem tieferen Aktienanteil. Die Kategorienbegrenzung sowie die Möglichkeit der Erweiterungsbegründung für Vorsorgeeinrichtungen sind in der Verordnung der beruflichen Alters-, Hinterlassenen und Invalidenvorsorge (BVV) 2 geregelt. Den Gebrauch von der Begründung zur Überschreitung der Grenze wird rege genutzt. Seit Jahren wird diese vor allem von grösseren Kassen beansprucht, wobei kleinere Kassen diese ebenfalls vermehrt einsetzen. Aufgrund der jüngsten Entwicklungen ist es demzufolge nicht überraschend, dass die Limite der Immobilienanlage von 30 % weitaus am häufigsten überschritten wird. Eine Überschreitung dieser Kategorie ist bei über der Hälfte der teilgenommenen Vorsorgeeinrichtungen gesehen. Nichtsdestotrotz sind die Strategien von Pensionskassen auf Stabilität und Kontinuität ausgelegt und in unsicheren Zeiten mit einem verbreiteten Rebalancing verbunden. Aus diesem Grund sind die Autoren der Studie der Ansicht, dass weitere Aktienkäufe unterbunden werden. Der weitere Ausbau der Immobilienanlagen steht den Anlagenvorschriften und dem Mangel an geeigneten Objekten gegenüber. Die Anlagevorschriften setzen eine Grenze bei 30 % des Gesamtanlagekapitals vor. Die Anlagemärkte sind aktuell von Unsicherheit geprägt und dies auch zumal aufgrund der Covid-19 Pandemie.

Die Ungewissheit über die Dauer und Auswirkungen dieser Pandemie stellen die zukünftige Markteinschätzungen vor Schwierigkeiten. Die Diskussionen einer weltweiten Rezession oder einer möglichen Erholung der Wirtschaftslage sind deutliches Zeichen bestehender Unklarheit oder Unruhe. Zeitgleich sind die Vorsorgeeinrichtungen mit den überfälligen Anpassungen des Mindestumwandlungssatzes konfrontiert. Diese Herausforderungen führen dazu, dass stärker und öfters an der Krisenfestigkeit der Vorsorgeeinrichtungen genagt wird. Die Zahl der Vorsorgeeinrichtungen sinkt stetig, da viele Firmenpensionskassen sich auflösen und sich einer Sammel- oder Gemeinschaftsstiftung angliedern. Das klassischen FirmenpensionskassenModell wird künftig zu einem Minderheitenmodell (Swisscanto Vorsorge AG, 2020).

Covid-19 und seine Spuren in der Schweizer Wirtschaft und im Immobilienmarkt

Die Pandemie hat ihre Spuren in der Schweizer Wirtschaft hinterlassen und dabei die Fundamentaldaten beeinflusst. Covid-19 verursachte einen Rückgang der gesamtwirtschaftlichen Aktivität. Das Staatssekretariat für Wirtschaft (SECO) wies im zweiten Quartal 2020 ein reales BIP-Wachstum von -4.7% aus. Hiervon war vor allem die Dienstleistungsbranche aufgrund der verschärften Eindämmungsmassnahmen betroffen. In anderen Brachen (Lebensmittel-, Onlinehandel, Logistik und die Pharmaindustrie) konnte sogar ein Wachstum verzeichnet werden. Bereits im dritten Quartal erholte sich die Wirtschaft und erreichte ein positives reales BIP-Wachstum von $+7.6\%$. Dieser Aufschwung hat sich aufgrund der zweiten Corona-Welle jedoch wieder verlangsamt und sank auf $+0.3\%$. Die Pandemie hat ebenfalls den Kapitalmarkt getroffen, als es im Frühling 2020 zu einem Börsencrash aufgrund der wirtschaftlichen Verlangsamung kam. Die coronabedingten Auswirkungen haben zudem zu steigenden Arbeitslosenquoten in der Schweiz geführt. Gemäss den Erhebungen des SECO lag die Arbeitsquote im Berichtsjahr 2020 bei 3.1%. Dies entspricht einer Zunahme von 0.8% gegenüber dem Vorjahr. Die Arbeitslosigkeit konnte zum einen grossen Teil dank des massiven Einsatzes von Kurzarbeitsentschädigung (KAE) gestützt werden. Die Arbeitslosigkeit konnte jedoch nicht vollständig aufgefangen werden. Die Quote nahm vor allem im Jahr 2021 erneut zu und stieg im Februar 2021 auf 3.6%. Ein weiterer Faktor sind die Leitzinsen. Schliesslich hat Covid-19 auch dazu geführt, dass die meisten Regierungen auf der ganzen Welt ihren Leitzins gesenkt haben. Der risikolose Zinssatz sank im März 2020 auf −0.8 %. In der Zwischenzeit normalisiert sich dieser wieder, befindet sich jedoch weiterhin im negativen Bereich (SNB, 2021). Während die Auswirkungen der Pandemie auf die Schweizer Wirtschaft bereits sichtbar sind, scheinen die Auswirkungen auf den Immobilienmarkt noch ungewiss zu sein. Die Pandemie hat zu einem global unsicheren wirtschaftlichen Umfeld geführt, was viele Investierende dazu veranlasst, eine «abwartende» Haltung einzunehmen. Die Anzahl der Transaktionen und der neuen Entwicklungen in allen Anlageklassen wurde reduziert. Es wird grundsätzlich angenommen, dass die Unsicherheit dazu führen wird, dass sie in «sichere Häfen» strömen, was wiederum zu einer erhöhten Nachfrage nach Core-Immobilien führen kann. Laut MSCI sollten niedrigere Zinssätze dem Immobilienmarkt Auftrieb geben. Zwar ist bekannt, dass niedrigere Zinssätze die Ausgabenbereitschaft der Investierenden erhöhen, was zukünftig zu einem höheren Angebot führt. Zusätzlich reizen tiefere Hypothekarzinsen zu einer höheren Immobiliennachfrage, was längerfristig zu einer höheren Beschäftigungsquote führen kann (MSCI, 2020). Nebst dem niedrigen Zinsumfeld gibt es noch weitere günstige Rahmenbedingungen, welche die Assetklasse Immobilien aktuell zur höheren Attraktivität verhelfen. Voraussetzung für diese Entwicklung ist die enorme Ausdehnung der im Umlauf befindlichen Geldmenge, als Folge einer expansiven Geldpolitik in Zeiten während und auch bereits vor der Pandemie. Aufgrund der eingeschränkten Fungibilität und des eher intransparenten und teils unzugänglichen Marktes erreichte die Globalisierung den Immobilienmarkt mit einiger Verzögerung (Pohl & Dr. Vornholz, 2010). Folglich werden viele Unternehmen versuchen ihre langfristigen Mietverträge nicht zu verlängern und stattdessen flexiblere Optionen suchen. Hierfür können Co-Working Spaces eine der Lücken zwischen traditionellen Arbeits- und Heimarbeitsplätzen bilden. Dadurch senken Arbeitgeber die fixen Kosten und bieten ihren Arbeitnehmenden dennoch eine vertretbare Alternative zu Home-Office an. Es stellt sich die Frage, ob in einem wachstumsorientierten Umfeld, eine Reduktion der Mietfläche auf langfristiger Sicht sinnvoll ist (Jones Lang LaSalle (b), 2020). Dennoch wird in diesem Sektor ein stärkerer Nachfragerückgang erwartet. Aufgrund der geringeren Auftragslage wird mit Umsatzrückgang gerechnet. Nur wenige Unternehmen haben bislang ihre Geschäftsmodelle bereits so überarbeitet, dass sie widerstandsfähiger werden und die Überlebenschancen ihres Unternehmens erhöhen. Umsatzeinbussen über eine längere Zeit kann zu Liquiditätsengpässen von Gewerbemietern führen. Ein weiterer Grund für den Nachfragerückgang der Gewerbeflächen ist das Home-Office. Dadurch wurden geplante Flächenexpansionen überdenkt oder gar gestoppt (PricewaterhouseCoopers (a), 2020). Die Thematik Home-Office zieht folglich noch einen weiteren Aspekt mit sich, nämlich den Bedarf an Wohnfläche. Es kann davon ausgegangen werden, dass aufgrund von vermehrtem Home-Office der Flächenbedarf zunehmen wird. Viel Experten erwarten jedoch eine gegengesetzte Entwicklung. Längerfristig wird von einer geringeren Nachfrage im Mietwohnungsmarkt ausgegangen. Diese Auffassung wird mit der geschwächten Wirtschaftslage und einer (zu) hohen Bautätigkeit begründet. Zusätzlich könnte es aufgrund einer höheren Arbeitslosenzahl zu einer steigenden Preissensibilität führen (Credit Suisse (d), 2020). Gemäss dem Bericht von PricewaterhouseCoopers wird aufgrund von Covid-19 von einem Nachfragerückgang bei den Mietwohnungen ausgegangen. Ihre Begründungen sind die abnehmende Zuwanderung und die sinkende Arbeitssicherheit. Wobei letzteres dank staatlicher Massnahmen, wie der Kurzarbeit, den prognostizierten Nachfragerückgang etwas verzögern oder abflachen wird. In Anbetracht der Renditen, erwarten die Experten einen erneuten Rückgang mit anschliessender Seitwärtsbewegung. Eine geschwächte Wirtschaft zieht auch Einkommensverluste seitens der Unternehmen mit. Im Immobilienmarkt zeichnet sich dies in Einkommensverlusten für Eigentümer aufgrund von gewährten Mietzinsstundungen aus. In einem sogenannten Wasserfalleffekt kann dies dazu führen, dass die Eigentümer nicht mehr in der Lage sind ihre Schulden zu decken (EY, 2020). Dies kann zu Liquiditätsengpässen führen, was viele Investierende dazu veranlasst oder gar zwingt, geplante Investitionen in Neubauprojekte oder im Bestand zu verschieben oder stornieren. Weitere mögliche Gründe für den Rückgang von Baubewilligungen könnten die Lieferverzögerungen und die daraus folgenden Preiserhöhungen von diversen Materialien und die ausgebremste Zuwanderung sein. Seitens der Renditen ist bei diesem Sektor bereits vor Covid-19 und auch bei städtischen Bürogebäuden an Toplagen einen Rückgang verzeichnet worden. Es wird jedoch angenommen, dass Büroflächen an zentralen Lagen künftig weniger stark unter Druck kommen und folglich als resistenter betrachtet werden. Die Gastronomie und die Eventbranche wie auch der Detailhandel, ausgenommen Online-Handel, sind aus Sicht der Experten die am stärksten betroffenen Branchen. Es wird angenommen, dass vor allem kleinere Betriebe mit hohen Fixkosten und Betriebe, die vom direktem Kundenkontakt oder Tourismus leben auch längerfristige Auswirkungen erleben werden. In diesen Bereichen werden die eingeschränkte Mobilität und das zurückhaltende Konsumverhalten vor Ort auch auf internationaler Ebene Einfluss haben. In diesem Zusammenhang ist vor allem vom stationären Handel die Rede. Dagegen beschleunigt die Pandemie den Onlinehandel. Die rechtliche Situation in Bezug auf staatliche Unterstützung bei Mietausfällen sowie die Mietzinsstundungen seitens der Eigentümer erschwert die langfristige Planung für die Betriebe und macht eine Prognose noch schwieriger. Die Unsicherheit für Prognosen über die konjunkturelle Entwicklung ist verhältnismässig hoch und aus diesem Grund scheiden sich die Meinungen vieler Experten. Infolge der Corona-Pandemie kam es zu einer weltweiten Drosselung der Wirtschaft, weil der Konsum temporär eingebrochen ist. Aus diesem Grund ist der Eintritt einer tieferen Rezession mit einer hohen Wahrscheinlichkeit verbunden. PricewaterhouseCoopers hat in ihrer Metaanalyse die immobilienspezifischen Themen in Bezug auf ihre Widerstandsfähigkeit und den Einfluss von Covid-19 gegenübergestellt. Aus ihrer Sicht hat Covid-19 den stärksten negativen Einfluss auf die Hotellerie und Freizeitanlagen. Diese Sektoren werden zudem mit einer geringen Widerstandsfähigkeit eingestuft. Je besser die Lage von Bürogebäuden und Fachmärkten, desto stabiler wird dieses Segment auch eingeschätzt. Ebenfalls weisen Seniorenresidenzen und Logistikgebäude eine geringe Immunität gegenüber Covid-19 auf, jedoch wird für diesen Bereich die Einflussnahme von Covid-19 neutral bis sogar positiv eingeschätzt. Die zuversichtlichsten Prognosen werden im Bereich für sozialen Wohnungsbau und für bezahlbare Wohnungen gemacht (PricewaterhouseCoopers (a), 2020).

Megatrends in der Immobilienwirtschaft

Megatrends wurden zur Benennung und Beschreibung von komplexen Veränderungsdynamiken in einem Markt entwickelt. Dabei dienen sie als Modelle und beschreiben den Wandel der Welt und können dadurch die Komplexität reduzieren und als Navigationshilfe für gegenwärtige und zukünftige Wandlungsdynamiken genutzt werden. Megatrends werden anhand von verschiedenen Merkmalen hergeleitet. Ein Wandel sollte eine gewisse Zeit, über mehrere Jahre hinweg, andauern, damit er als Trend gilt. Er sollte in allen gesellschaftlichen Bereichen omnipräsent sein. Sei es in der Ökonomie, Konsum, Wertewandel, Gesellschaft, Medien oder im politischen

System. Des Weiteren sind die Megatrends weltumfassend und sind deshalb globale Phänomene. Es wird nicht besagt, dass diese überall gleichzeitig und gleich stark auftreten, jedoch müssen sie früher oder später überall auf der Welt erkennbar sein. Ein weiteres Kriterium zur Erkennung und Definierung eines Megatrends ist die Komplexität. Megatrends sind vielfältig und mehr-dimensionale Phänomene und zeichnen sich durch ihre Wechselwirkung aus. Dabei entstehen Megatrends durch das konzentrierte Ergebnis der systematischen Beobachtung, Beschreibung und der Bewertung neuer Ent-wicklungen in der Wirtschaft und Gesellschaft. Oft ist die Bestimmung des Ursprungs eines Trends kaum herleitbar, da sie sich aus mehreren verlaufen-den Phänomenen herausbilden. Jedoch sind die Megatrends für die Wirt-schaft von zentraler Bedeutung, da sie auf lange Sicht die Fundamentaldaten prägen. Ihre Einflüsse können zu schnellen Disruptionen auf den Märkten führen und dadurch vereinzelte Branchen aber auch gesamte Gesellschaften wegweisend beeinflussen und formen. Aus diesem Grund sind Megatrends ein unverzichtbares Instrument für die strategische Ausrichtung, auch bei Investitionsentscheidungen (Zukunftsinstitut, 2021). Die International Real Estate Business School der Universität in Regensburg hat in Zusammen-arbeit mit KPMG die Megatrends in der Immobilienwirtschaft im Jahr 2020 mittels einer textbasierten Trend- und Stimmungsanalyse untersucht. Die Stimmungsanalyse dient zur Erkennung von zyklischen Marktbewegungen, welche Konjunkturbewegungen frühzeitig zu erkennen vermag. Es ist je-doch zu unterscheiden, ob es sich bei einer Marktbewegung um einen lang-fristigen oder kurzfristigen Trend handelt. In dieser Studie liegt der Fokus auf der Textanalyse, und zwar mittels Berichterstattungen über immobilien-wirtschaftliche Trends. Für die Analyse sind sechs Megatrends berücksich-tigt worden, welche mithilfe des Global-Vektors-Modell Wortvektoren be-stimmt werden. Der erste resultierende Vektor aus der Textanalyse war der Megatrend *Globalisierung*. Dieser Trend beschreibt den Prozess internatio-naler Verflechtung der Beteiligten, was zur Kooperation zwingt. Die Haupt-beteiligten in der Wirtschaft sind Unternehmen, politisch aktive Menschen und Konsumierende. Die Globalisierung im Immobilienbereich hat auf-grund ihres standortgebundenen Charakters erst später durch ausländische Investierende an Bedeutung gewonnen. Es zeigt sich, dass die Immobilien-konjunktur in Finanz- und Wirtschaftskrisen aufgrund der internationalen Kapitalab- und -zuflüsse stark beeinflusst wird. Der nächste Vektor ist die *Demografie*. Dieser beschreibt die Veränderungen in der Bevölkerungsstruk-tur und -zahl einer Gesellschaft. Dabei beruht die Entwicklung dieses Trends auf drei wesentlichen Aspekten: der Geburtenrate, der Sterberate und der Migration (Plössl & Prof. Dr. Just, 2020). Die Schweizer Bevölkerungsentwicklung ist in den letzten 10 Jahren durchschnittlich jährlich um 1.0 % gewachsen und dies hauptsächlich dank des positiven Wanderungssaldos (Bundesamt für Statistik, 2020). Insbesondere im Jahr 2015 im Zuge der Flüchtlingskrise gewann dieser Trend stetig an Bedeutung. Häufig thematisierte Felder sind nebst der Bevölkerungszahl auch die gestiegene Lebenserwartung. Diese stellt vor allem für Vorsorgeeinrichtungen im Zusammenhang mit der Rentensicherung wie auch für die Immobilienbranche mit altersgerechten Wohnungen ein Risikopotenzial dar. Die Untersuchungen haben gezeigt, dass die Nachfrage nach Immobilien auch von der demografischen Entwicklung abhängig ist. Ein weiterer und engverbundener Trend mit der Demografie ist die *Urbanisierung*. Urbanisierung befasst sich hauptsächlich mit dem Wachstum der Städte und dem Prozess der Ausbreitung und Diffusion urbaner Lebensweisen. Diese beinhalt die Vergrösserung und Verstärkung städtischer Lebensformen, welche vor allem in modernen Gesellschaften bereits weit vorangeschritten ist und die Stadt-Land-Beziehung beschreibt (Plössl & Prof. Dr. Just, 2020). In der Schweiz wohnen rund drei Viertel aller Einwohner in Städten oder in deren direktem Einzugsgebiet (Eidgenössisches Departement für auswärtige Angelegenheiten, 2021). Die Studie fand heraus, dass zwischen der Tonalität in der Berichterstattung und des Grades der Urbanisierung einen leicht negativen Zusammenhang besteht. Damit ist zu verstehen, umso stärker die Urbanisierung wächst, desto negativer wird der Ton in der Berichterstattung. Die erörterten Gründe könnten nebst der Verdrängung von Nutzergruppen im Gewerbe- und Wohnbereich auch im steigenden Mietpreisniveau liegen. Der nächste Megatrend befasst sich mit dem Klimawandel. Die Immobilien- und Baubranche ist für etwa 30 % der Emissionswerte klimaschädlicher Gase verantwortlich. Die klassische *Nachhaltigkeit* deckt mehrdimensionale Themen der Gesellschaft, der Ökonomie und Ökologie ab. In der Immobilienwelt finden Nachhaltigkeitsbestrebungen in allen Phasen des Lebenszyklus statt. Damit befassen sich heute nebst den Investierenden auch Projektentwickelnde und die Mieterschaft selbst vermehrt mit diesem Thema. Anhand der Untersuchungen konnten Trendmuster erkannt werden. Zum einen war die gesetzliche Verankerung mit dem Pariser Klimaabkommen ein Treiber und zum anderen die gestiegene Sensibilität zum Thema Nachhaltigkeit. Gesamtheitlich ist demzufolge die soziale Verantwortung gestiegen. Die Immobilienbranche galt lange als wenig innovativ und eher träge. Doch in der heutigen Zeit gewinnt das Thema *Digitalisierung* stets an Bedeutung. Um dies zu optimieren, bedarf es zum einen eine Konvertierung von analogen in digitale Formate und zum anderen müssen Geschäftsmodelle und Wertschöpfungsprozesse automatisiert werden. Diese Prozesse wurden teilweise durch die Gründungen dynamischer Start-ups wie «PropTech-Unternehmen» vorangetrieben. Aufgrund der neuen Impulse mit technologiegetriebenen Innovationen konnte die Transparenz in dieser Branche gesteigert werden. In der Immobilienbranche betrifft dies nicht nur die Baubranche oder Vermögensverwaltung, sondern auch die Liegenschaft (Plössl & Prof. Dr. Just, 2020). Digitalisierung wird oft mit Kommunikation, Vernetzung, Personalisierung und Kontextsensitivität in Verbindung gebracht, hierfür hat sich zwischenzeitlich das Wort «Smart» etabliert. Auch Gebäude können smart sein. Um die Gebäudeeffizienz zu steigern und so die Treibhausgasemissionen zu reduzieren, ist eine automatisierte Steuerung der technischen Ausstattung notwendig (Schöpfer & Sigg, 2020). Der letzte Megatrend befasst sich mit den Veränderungen im regulatorischen Umfeld. Dieses Themenfeld befasst sich hauptsächlich mit den Begrifflichkeiten der Politik und dem Gesetz. Ein bekanntes Thema ist die staatliche *Regulierung* von Mietpreisen. Der staatliche Eingriff ist je nach Region und Sektor unterschiedlich. In einem weiteren Schritt untersuchte die Studie die Wirkung der Megatrends auf die verschiedenen Immobiliensektoren: Wohnen, Büro und Einzelhandel. Es stellte sich heraus, dass die Trends unterschiedlich Einfluss auf die Sektoren nehmen. Der Online-Handel führt zu einem stärkeren Druck und Wandel beim Einzelhandel als bei den Büro- und Wohnimmobilien. Ein weiteres Studien-Beispiel ist die demografische Alterung, welche sich zuerst im Arbeitsangebot widerspiegelt und erst später in einer schrumpfenden Wohnbevölkerung zu erkennen ist. Im Wohnsektor wiegt vor allem der Megatrend der Regulierung sehr stark. Dagegen erhält im Bürosektor das Thema der Nachhaltigkeit grosse Bedeutung. Es gibt auch Megatrends, wie die Urbanisierung und Demografie, welche sich über mehrere Sektoren erstrecken. Während des Untersuchungszeitraums (1999 bis Ende 2019) wurde ersichtlich, dass weder die Tonalität noch die Häufigkeit der Berichterstattungen konstant blieb. Vor allem in Krisenzeiten stehen die einzelnen Trends mehr oder weniger im Fokus. Daher vermutet die Studie, dass auch die Corona-Pandemie zu einer Veränderung am Immobilienmarkt führen wird und einige Frühindikatoren in der Berichterstattung bereits darauf hinweisen könnten (Plössl & Prof. Dr. Just, 2020).

3   Methodisches Vorgehen

Um die Strukturen des Schweizer Immobilienmarktes für hauptsächlich
Vorsorgeeinrichtungen zu beschreiben, greift die Methodik dieser Arbeit
auf eine deduktive und quantitative Forschung zurück. Der Hauptteil dieser
Studie besteht aus der empirischen Forschung mittels Umfrage. Dabei wird
ein explorativer Ansatz angewendet, dieser ermöglicht es neue Erkenntnisse
zu gewinnen und Aussagen über die Realität zu treffen. Für gewöhnlich werden für diesen Ansatz qualitative Methoden angewendet. In dieser Arbeit
wird jedoch mittels quantitativer Methode das Thema untersucht. Auf diese
Weise kann eine grosse Menge an objektiven Daten gesammelt werden.
Die Sammlung numerischer Werte ermöglicht es zudem Phänomene und
Anomalien zu entdecken und bietet einen Einblick in reale Gegebenheiten
(Wendkouni, 2018). Infolgedessen können Beziehungen zwischen Ursachen
und Problemen dank empirischen Sachverhalten abgeleitet werden. Während der aktuellen Pandemie gab es rege Bewegungen auf dem Kapital- und
Immobilienmarkt. Welchen Einfluss dabei die Pandemie auf diese Märkte
aus Sicht von Institutionen hat, soll mittels statistischer Auswertungen aufgezeigt werden. Aufgrund des noch eher unerforschten Themas wird für
diese Arbeit ein explorativer Ansatz als Forschungsdesign gewählt. Die
explorative Forschung ist flexibel und kann Forschungsfragen aller Art be-
antworten (Raithel, 2008). In dieser Arbeit wird auf eine gendergerechte
Sprache geachtet.

3.1   Standardisierte Umfrage

Die Umfrage basiert auf drei Teilen:
1. Allgemeiner Teil
2. Covid-19 spezifische Fragen zu direkten Immobilienanlagen
3. Covid-19 spezifische Fragen zu indirekten Immobilienanlagen

Der erste Teil befasst sich mit allgemeinen Fragen zum Investorenkreis der Teilnehmenden sowie ihrer gegenwärtigen und künftigen Immobilieninvestitionen und -volumina. Anhand der Anlagevolumina kann die Grösse des Investors festgestellt werden. Zusätzlich kann das investierte Immobilienkapital eines Befragten und folglich sein Anlageanteil hergeleitet werden. Je nach Angabe des Befragten, in welche Immobilienanlageklassen er derzeit investiert ist, werden ihm die selektierten Fragen gestellt. Aus diesem Grund ist der zweite Teil der Umfrage in die Gruppen direkte und indirekte Immobilienanlagen unterteilt. Bei beiden Anlageklassen gibt es einen allgemeinen Teil mit den gleichen Fragestellungen zum Anlagevolumen, Sektorallokation, Rendite und Anlageprodukt. Um Unterschiede oder Analogien der direkten und indirekten Immobilienanlage festzustellen, können die Auswertungen gleicher oder ähnlicher Fragestellungen miteinander verglichen werden. In einem weiteren Abschnitt fliesst der Aspekt von Covid-19 in die Umfrage ein. Die Fragen zielen auf Veränderungen ab, welche die Teilnehmenden in ihren Portfolios und im Immobilienmarkt festgestellt haben. Hierbei wird eine retrospektive Sicht eingenommen. Anhand dieser Fragen soll untersucht werden, welche immobilienspezifischen Faktoren unter der Beeinflussung von Covid-19 stehen. Zusätzlich haben die Teilnehmenden die Möglichkeit die bekannten Megatrends nach ihrer Wichtigkeit zu beurteilen. Dadurch wird das Ziel avisiert, die Entwicklung der bestehenden Trends zu analysieren und mögliche neue Trends zu erkennen. Aufgrund von unterschiedlichen Strukturen innerhalb der Immobilienklassen werden Fragen spezifisch zur ausgewählten Anlageklasse gestellt. Bei den direkten Immobilienanlagen wird die Unternehmensstruktur der Investierenden nachgefragt. Dabei haben die Teilnehmenden die Möglichkeit, den Aufgabenbereich in ihrem Unternehmen anhand dem Externalisierungsgrad anzugeben. Des weiteren wird ebenfalls eine prospektive Ansicht eingenommen. Hierzu wird die künftige Markteinschätzung zum Mietausfall, Transaktions- und Mietpreise der Teilnehmenden abgefragt. Anhand diesen können künftige Chancen und Risiken im Immobilienmarkt aus Sicht der Teilnehmenden in Erfahrung gebracht werden. Indirekte Immobilienanlagen spezifische Fragen fokussieren sich zum einen auf die Immobiliengefässe und Länderallokation, sei es die aktuelle wie auch die zukünftige Ausrichtung. Zu guter Letzt sollen die Gründe, welche für oder gegen indirekte Engagements sprechen, aus Sicht der Teilnehmenden festgehalten werden. Hierfür wird zusätzlich bei den Teilnehmenden, welche nur indirekt in inländische Immobiliengefässe investieren, nachgefragt, was sie an indirekte Investitionen hindert. Der Fragebogen umfasst 28 Fragen. Die Mehrheit der Fragen sind im Multiple-Choice-Stil gehalten. Weitere Fragetypen sind nach der Likert-Skala, der Beurteilungsskala und der Gewichtungsskala gegliedert.

Der Fragebogen wird nach bestimmten Güterkriterien aufgesetzt. Jede wissenschaftliche Messmethode muss bestimmten Qualitätskriterien genügen. Für diesen Fragebogen werden drei Hauptkriterien berücksichtigt. Das erste Güterkriterium, die *Objektivität,* ist wichtig für wissenschaftliche Arbeiten, denn es sollen bei einer Reproduktion die gleichen Ergebnisse erzielt werden. Die Ergebnisse aus der Umfrage sollen aus diesem Grund unabhängig von Einflüssen des Erstellers oder bei Durchführung, Auswertung und Interpretation zustande kommen. Sind die Ergebnisse verfälscht oder ist ein methodischer Fehler unterlaufen, so ist die Arbeit nicht reproduzierbar.

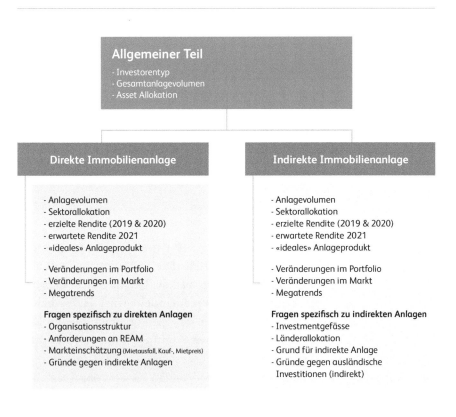

Abbildung 5: Gliederung des Fragebogens

Das Güterkriterium legt die Basis für reliable Ergebnisse. Die *Reliabilität* ist ein Mass für die formale Verlässlichkeit, d.h. bei hochreliaben Ergebnissen müssen diese weitgehend frei von Zufallsfehlern sein. Aus diesem Grund wird auch ein Pretest durchgeführt, um bei einer Wiederholung unter identischen Bedingungen und mit denselben Gegenständen zu einem identischen Ergebnis zu gelangen. Aus diesem Grund wurde die Umfrage standardisiert. Weiter wird auf die Abfrage von Wissen geachtet, Jedoch haben bei vereinzelten Fragen die Teilnehmenden die Möglichkeit in einem freien Eingabefeld «Sonstiges» ihre Sichtweise und Antworten zu ergänzen. Die Absicht ist, die Datenqualität mit Einbezug von zusätzlichen Informationen zu optimieren und den Antwortmöglichkeitsraum der Teilnehmenden zu erweitern. Bei jeder Skala haben die Teilnehmenden die Option «keine Meinung/ bin unsicher» auszuwählen. Diese Option wird beigezogen, da die Fragen zum Teil ausserhalb des Fachwissens der Teilnehmenden liegen und dadurch wird eine Verzerrung von «falsch» Antworten verhindert. Das letzte und wichtigste Güterkriterium ist die *Validität*. In Anlehnung an die Forschungsfragen wird die Gliederung und Formulierung der Fragen in der Umfrage strukturiert und formuliert. Ziel ist es, dass das gewünschte Merkmal durch die Methode gemessen werden kann. Zum Beispiel sollten die Auswirkungen von Covid-19 auf die Immobilienanlagen gemessen werden (Bühner, 2011). Je besser der Fragebogen konzipiert ist, desto aussagekräftiger und zuverlässiger sind die Ergebnisse. Der vollständige Fragebogen befindet sich im Anhang 1.

3.2   Datenexport und -bereinigung

Nach Ablauf der Frist konnten insgesamt 55 Antworten gesammelt werden bei einer Beendigungsquote von rund 16 %. Die Beendigungsquote entspricht dem Anteil der beendeten Umfragen an der bereinigten Stichprobe. Da es sich um eine anonymisierte Umfrage handelt, wird das Verhältnis der komplett abgeschlossenen Umfragen zu den Personen, die ein Link zur Befragung aktiviert haben, genommen. Von Insgesamt 55 Antworten werden zwei Samples von der Analyse ausgeschlossen. Dies aufgrund der ungenügenden Datenquantität und/oder -qualität. Es wird ein Ansatz von mindestens 50 % Beantwortungsquote verfolgt, sowie ein Augenmerk auf die Qualität der Antworten gelegt. Es stellt sich heraus, dass eine einzige Fragestellung für die angedachte Datenauswertung nicht mit einbezogen wird, da lediglich 6 % des Gesamtsamples diese Frage beantwortet haben und auch dies ungenügend. Da es sich um eine Frage mit numerischen Werten handelt, können keine Rückschlüsse auf die Grundgesamtheit gezogen werden. Folglich wird die Frage im Teil der direkten Immobilienanlagen im Inland aussortiert. Die Fragestellung befasst sich mit dem Thema der durchschnittlichen Mietausfälle pro Nutzungsart. Die erhobenen Daten weisen Eigenschaften, nebst der nummerischen, auch der ordinalen und nominalen Natur aus. Zur Datenbereinigung gehören verschiedene Verfahren zum Entfernen und Korrigieren von Datenfehlern in Datenbanken. Dabei können die Fehler aus inkorrekten, redundanten, inkonsistenten oder falsch formatierten Daten bestehen (Anon., 2006). In einem ersten Schritt werden die numerischen Daten auf ihre Korrektheit überprüft. Die Teilnehmenden werden um die Angabe des Anlagevolumens gebeten, wobei die Angabe in Millionen Franken erfolgt. Alle Skalierungen weisen fünf Kriterien auf. Um die nominalen Daten in einer statistischen Analyse einfliessen zu können, müssen die Werten einer Kodierung unterzogen werden. Aufgrund ihrer unterschiedlichen Ausprägungen werden jeder Kategorie eine Zahl zugeordnet. Bei der Variablen «Investorentyp» wird dessen Ausprägung kodiert. Eine Kodierung anhand eines Beispiels kann wie folgt aussehen:

Variable: Investorentyp   Ausprägung: Pensionskasse   = 1
                                           Sammel-/Gemeinschaftsstiftung = 2

Des weiteren werden einige ordinal-skalierte Variablen umcodiert. Die betroffenen Variablen sind Fragen, welche nach einer Likert-, Beurteilungs- oder Gewichtungsskala konzipiert sind. Alle Skalentypen haben fünf Antwortmöglichkeiten. Um eine klarere Tendenz der Teilnehmenden in Erfahrung zu bringen, werden die Skalen ähnlicher Ausprägungen wie (1) «trifft zu» und (2) «trifft teilweise zu» zusammengenommen (1). Die anderen Skalen wie (3) «trifft teilweise nicht zu» und (4) «trifft nicht zu» werden ebenfalls zusammengenommen (2). Folglich wird auch das letzte Merkmal (5) «keine Meinung» zu einer (3) umcodiert. Dieser Vorgang wird bei allen Variablen mit ordinal-skaliertem Charakter durchgeführt.

3.3   Datenauswertung

Für die Datenauswertung werden einige Fragen aussortiert. Die für diese Analyse relevanten Themen sind in den Fragestellungen zum Anlagevolumen, zur Rendite, zu den künftigen Markteinschätzungen, zu den festgestellten Veränderungen im Portfolio und im Immobilienmarkt sowie in den Fragen um die Gründe für oder gegen indirekte Immobilienanlagen. In Anbetracht der unterschiedlichen Fragetypen, werden auch unterschiedliche Verfahren für die Datenauswertung angewendet. Die Verfahren werden nach qualitativen und quantitativen Strukturen aufgeteilt.

Grounded Theory

Der sozialwissenschaftliche Ansatz der Grounded Theory dient zur systematischen Sammlung und Auswertung von qualitativen Daten. Die geeignete, spezifizierende Datenanalysetechnik für die ausgewählten Fragestellungen bietet die Methode des permanenten Vergleichs (Breuer, 2009). Die Auswahl des theoretischen Codes richtet sich an bestimmte Themengruppen, die in den Daten wiederkehrend vorkommen und an die Megatrends. Da es sich um eine standardisierte Umfrage handelt, konnten die Antworten vorgängig den Themengruppen (Code) zugeordnet werden. Fragestellungen mit mehreren

Veränderungen im Immobilienmarkt Schweiz	N Gültig	Fehlend	Mittelwert	Median	Std.-Abweichung	Code
Es ist ein passendes Produktangebot aus Investorensicht vorhanden	40	13	1.4	1	0.6	-
Über 50% der Immobilien liegen im Umkreis von 25km zum Sitz des Inst.	39	14	1.9	2	0.7	-
Fokus Direktanlagen bleibt im Inland	38	15	1.2	1	0.5	Inland/Ausland
Direkte Immobilienanlagen gewinnen ggü. indirekten an Attraktivität	39	14	1.7	1	0.8	Direkt/Indirekt
Renditesteigerungen erfolgen künftig durch Optimierung der Cashflows	39	14	1.4	1	0.8	Bewertung
Risiko/Rendite Spektrum wird sich in Ballungszentren weiter ausdehnen	39	14	1.6	1	0.8	Bewertung
Nachhaltigkeit ist ein Kriterium für Investitionsentscheidungen	39	14	1.2	1	0.5	Nachhaltigkeit
Eine Zertifizierung nach SNBS-SGS / SGNI ist ein Investitionskriterium	39	14	1.9	2	0.8	Nachhaltigkeit
Eine internat. Zertifizierung (LEED, BREEAM) ist ein Investitionskriterium	40	13	1.9	2	0.7	Nachhaltigkeit
Anstieg der Markttransparenz im Inland	37	16	1.6	1	0.7	Digitalisierung
Immobilienmarkt Schweiz wird vermehrt zum Eigentumsmarkt	39	14	1.7	2	0.6	Wohnmarkt
Weitere Reduktion der Diskontsätze in den nächsten 5 Jahren	39	14	1.7	2	0.7	Bewertung
Vermehrt Investitionen in Bestand (im Vergleich zu Akquisitionen)	39	14	1.2	1	0.4	Investitionen
Immobilienmarkt CH deckt die bestehende Wohnungsnachfrage der Gesellschaft	39	14	1.5	1	0.6	-
Zunahme der Nachfrage an Co-Working Spaces	39	14	1.7	1	0.9	Büromarkt

Abbildung 6: **Codierung – Veränderung im Immobilienmarkt Schweiz (direkt)**

Antwortmöglichkeiten und einer ordinalen Struktur werden nach Themen gruppiert. Für die Datenanalyse nicht berücksichtigten Antwortmöglichkeiten werden in der Spalte Code als « - » datiert.

Statistische Verfahren

Um die Ergebnisse nach den Gütekriterien messen zu können, werden die erhobenen Daten zuerst ausgewertet. In erster Linie hat diese empirische Studie eine hypothesenexplorierende Eigenschaft. Sie wird für die Bestimmung der Beziehung von Strukturen und zur Aufstellung von Hypothesen bezüglich des aktuellen Stands und Konzeptes verwendet. Generell unterteil sich die Statistik grob in drei Bereiche: deskriptive, explorative und induktive Statistik. Für gewöhnlich wir am Anfang mit der deskriptiven Statistik begonnen. Im Anschluss können die Daten mit einer explorativen oder induktiven Statistik ausgewertet werden. Letztere fokussiert sich auf das Testen von Hypothesen und stützt sich dabei auf die Wahrscheinlichkeitstheorie (Universität Zürich, 2014). Die ausgewählten statistischen Verfahren sind die deskriptive und explorative Statistik. Damit werden in erster Hand die Daten beschrieben und in einem zweiten Schritt wird das Finden von Treibern verfolgt. Die statistische Datenanalyse setzt voraus, dass die Untersuchungsergebnisse numerisch quantifiziert sind. Bei der Datenauswertung müssen diese für eine statistische Analyse zu Kategorien zusammengefasst und numerisch kodiert werden. Das Ziel der deskriptiven Studien ist das Aggregieren bzw. Zusammenfassen des erhobenen Datenmaterials mit Hilfe von Tabellen, Grafiken und statistischen Kennzahlen (Raithel, 2008). Ein weiteres Instrument für diese empirische Forschung ist die explorative Statistik. Diese befasst sich mit der Entdeckung von Zusammenhängen zwischen verschiedenen Variablen und mit der Herleitung der Hypothesen. Diese Methode wird ergänzend zur deskriptiven Statistik angewendet. Eine gängige Analyse ist die Regressionsanalyse. Diese strukturiert die Daten objektiv und identifiziert homogene Gruppierungen, mit dem Ziel die Umfrageergebnisse zu analysieren und das theoretische Konstrukt zu unterstützen (Universität Zürich, 2014). Zu guter Letzt werden die gewonnen Erkenntnisse aus der Datenanalyse zur Ableitung der Konsequenzen sowie zur Herleitung logischer Schlüsse genutzt.

Deskriptive Analyse

Bei dieser Arbeit wird das vorhandene Sample mittels deskriptiver Messgrössen beschrieben. Dabei werden Kennzahlen wie Lager- und Streuungsparameter genutzt. Vereinzelte Auswertungen werden zur besseren Visualisierung und Verständlichkeit grafisch abgebildet. Für die Ermittlung der zentralen Tendenz werden die Lagemasse Mittelwert und Median berechnet. Für die Berechnung der Breite der Verteilung, werden die Streuungsmasse Standardabweichung sowie Minimum- und Maximum-Wert genutzt. In der folgenden Tabelle sind die deskriptiven Messgrössen für das Gesamtsample (n=53) der Anlagevolumina und Renditen zusammengefasst.

Deskriptive Statistik

		Gesamtanlagekapital (GK) 2019	GK 2020	Veränderung GK	Immobilienkapital (IK) 2019	IK 2020	Anteil IK 2019	Anteil IK 2020	Veränderung IK
N	Gültig	49	50	50	51	53	49	50	51
	Fehlend	4	3	3	2	0	4	3	2
Mittelwert		5'074	5'404	0.5%	1'229	1'251	38.4%	38.9%	6.5%
Median		1'931	1'915	0.5%	707	645	25.1%	25.6%	4.5%
Std.-Abweichung		7'200	7'860	0.1%	1'750	1'834	32.4%	33.1%	11.7%
Minimum		12	11	0.4%	3	3	6.6%	5.7%	-23.9%
Maximum		27'000	28'500	1.0%	8'335	8'842	100.0%	100.0%	59.3%
Summe		248'627	270'179		62'701	66'300			

Abbildung 7: **Deskriptive Statistik des Gesamt- und Immobilienanlagekapital**

Das angegebene Gesamtanlagekapital aller Teilnehmenden beläuft sich auf rund 270 Milliarden Franken Bereits hier ist ersichtlich, dass dies nicht das effektive Gesamtanlagekapital ist, da drei Teilnehmende keine Angaben zu dieser Grösse machten. Diese Komponente gibt Aufschluss über die Grösser der Vorsorgeeinrichtungen. Da Mittelwert und Median stark voneinander abweichen, ist die Verteilung nicht symmetrisch. Zudem weisen diese Daten ebenfalls eine hohe Streuung aus. Es gibt demzufolge vereinzelte Grossinvestierende mit einem Anlagevolumina von rund 20 Milliarden Franken und viele kleinere, die sich unterhalb der Milliardengrenze bewegen. Im Gegenzug sind die statistischen Daten beim veränderten Gesamtanlagekapital nahezu normal verteilt, da Mittelwert und Median fast gleich gross sind. Lediglich ein Ausreisser mit 1 % Kapitalzuwachs gibt es in diesem Datensatz, alle anderen Werte bewegen sich zwischen 0.4 % und 0.6 %. Das investierte Immobilienvolume wurde in der Umfrage als Pflichtfrage gekennzeichnet, aus diesem Grund entspricht hier die Samplegrösser dem Gesamtsample (n=53), jedoch nur für das Jahr 2020. Es gibt zwei Teilnehmende, die keine Angaben zum Jahr 2019 gemacht haben. Aus diesem Grund ist die Stichprobengrösse n=51. Auch hier handelt es sich um keine symmetrische Verteilung. Wie beim Gesamtanlagekapital ist von einer rechtsschiefen Verteilung auszugehen, da der Mittelwert grösser als der Median ist. Das Immobilienvermögen hat gegenüber dem Vorjahr im Durchschnitt um 6.5 % zugenommen. Die Daten dieser Variable weisen eine Streuung von 11.5 % aus. Da die Standardabweichung grösser als der Mittelwert ist, ist der Variationskoeffizient grösser eins. Im Gegensatz zur Varianz ist diese statistische Kenngrösse ein relatives Streuungsmass. Das heisst, es hängt nicht von der Masseinheit der statistischen Variable (verändertes Immobilienkapital) ab. Die Abbildung des anteilmässigen Immobilienkapitals zum Gesamtkapital weist, nach dem Ausschluss von Ausreisser, eine Normalverteilung aus (n=38). Eine Analyse der verschiedenen Immobilienanlageklassen ist dank der Umfrage möglich. Ebenfalls mittels Lage- und Streuungsmasse werden die Daten zu den einzelnen Immobilienanlageklassen berechnet und miteinander verglichen. Alle Anlageklassen, ausser das direkte Immobilienkapital im Ausland, weisen eine ausreichende Stichprobengrösse aus. Das direkte Immobilienkapital im Ausland mit lediglich vier Angaben ist nicht repräsentativ. Folglich ist für diese Anlageklasse keine statistische Analyse mit signifikanten Rückschlüssen möglich. Die einzelnen Angaben würden aufgrund der zu geringen Stichprobengrösse die statistischen Auswertungen verzerren. Trotzdem kann mit den anderen drei Anlageklassen eine empirische Analyse durchgeführt werden. Alle Anlageklassen zeigen eine asymmetrische Verteilung. Die indirekte Immobilienanlage im Ausland weist als einzige einen klaren Ausreisser aus. Hier handelt es sich um ein der grössten Vorsorgeeinrichtungen mit einem Gesamtanlagekapital von fast 26 Milliarden Franken und einem Immobilienanlagekapital von rund 9 Milliarden Franken. In Anbetracht dessen wird in einem weiteren Schritt die Breite der Verteilung gemessen. Im Vergleich zum Gesamtanlagekapital ist bei allen Anlageklassen eine prononciert kleinere Streuung erkenntlich. In einem weiteren Schritt werden die Abweichungen auf ihre Signifikanz mittels Schiefe und Kurtosis geprüft. Für die Beurteilung einer Normalverteilung wird ein akzeptabler Bereich von Schiefe und Kurtosis für die Verteilung der Daten von 1.96 genommen. Einen positiven Kurtosis weist auf eine spitze Verteilung hin. Das heisst, dass mehr Beobachtungen als gewöhnlich in den Enden der Verteilung liegen. Die hierfür bekannte Bezeichnung lautet «heavy-tailed». Eine solche Struktur der Verteilung weist die ausländische Kollektivanlage am stärksten aus (Kurtosis = 25.5). Die anteilsmässige Verteilung des direkten Immobilienkapitals zum Gesamtanlagekapital weist anfänglich sogar eine leicht u-förmige Verteilung aus. Die Ausreisser werden mittels Filtermethode aussortiert. Dieselbe Methode wird bei den Kollektivanlagen angewendet. Mittels dieser Anwendung kann bei allen Anlageklassen eine Normalverteilung hergestellt werden. Da die Performance eine wesentliche Rolle bei der Anlagestrategie und folglich bei der Auswahl der Anlageklasse ist, werden die Daten analog dem obigen Vorgehen analysiert und geprüft. Die Renditen aller Anlageklassen sind in sich normal verteilt. Eine gleiche Struktur weist der selbstberechnete, gewichtete Mittelwert der Renditen fürs 2019 und 2020 aus.

Korrelations- und Regressionsanalyse

Die Regressionsanalyse ist ein statistisches Verfahren zur Modellierung von Beziehungen zwischen unterschiedlichen Variablen (abhängige und unabhängige). Zur Beantwortung der Forschungsfrage hinsichtlich des Stellenwertes der Immobilienanlagen und deren Attraktivität pro Anlageklasse, werden mittels Korrelation die Zusammenhänge analysiert. Für die Analyse wird der Korrelationskoeffizient nach Bravais Pearson genutzt, da es sich um zwei metrisch skalierte Variablen handelt. Handelt es sich jedoch um eine nicht parametrisch freie Variable, wird die Korrelation nach Spearman durchgeführt. Ergänzend zur Korrelation kann mittels der Regression die Kausalbeziehung bestimmt werden. Anhand dieser beiden Analysen werden drei Arten von Fragestellungen untersucht:

- **Ursachenanalyse**: Gibt es einen Zusammenhang zwischen der unabhängigen und der abhängigen Variable und wie stark und eng ist dieser?
- **Wirkungsanalyse**: Wie verändert sich die abhängige Variable bei einer Änderung der unabhängigen Variablen?
- **Prognose**: Können die Messwerte der abhängigen Variable durch die Werte der unabhängigen Variable vorhergesagt werden?

Für die Zusammenhänge werden die nummerischen Daten des Immobilienkapitals (unabhängige Variable) und das investierte Immobilienkapital pro Anlageklasse (abhängige Variable) genommen. Die Regression wurde mittels Excel erstellt. In einem ersten Schritt werden die ausgewählten Variablen auf der Ordinate und Abszisse in einem Punkte-/Streudiagramm abgebildet. Anschliessend wird die Trendlinie eingefügt. Je nach Verteilung und Struktur der Datenpunkte wird der passende Trendlinientyp ausgewählt. Die Trendlinienzuverlässigkeit spielt bei der Auswahl der Trendlinie eine wichtige Rolle. Bei einem Bestimmtheitsmass von 1 oder in der Nähe davon sagt aus, dass das Modell die Messwerte gut widerspiegelt. Bei der einfachen linearen Regression entspricht das Bestimmtheitsmass dem Quadrat des Bivariat-Korrelationskoeffizienten (Universität Zürich, 2021).

Für die Datenanalyse kommen die folgenden zwei Trendlinien zur Anwendung:

- **Linear** – Dieser Trendlinientyp eignet sich am besten bei einfachen linearen Datensätze. Die Linearität eines Datensatzes wird mit einer graphischen Darstellung, dem Punkte-Streudiagramm, veranschaulicht. Die Daten sind linear, wenn das Muster der Datenpunkte einer Linie ähnelt.

- **Polynomisch** – Bei einem fluktuierenden Datensatz eignet sich am besten die polynomisch Trendlinie zur Darstellung der Messwerte. Diese Trendlinie ist eine gekrümmte Linie, wobei die Reihenfolge des Polynoms durch die Anzahl der Schwankungen in den Daten oder durch die Anzahl der Kurven (Hügel und Täler) in der Kurve bestimmt wird (Radke, 2006). Mithilfe der polynomischen Trendlinie werden Grenzwerte hergeleitet. Diese wird im Zusammenhang des Anlagevolumens mit der Rendite angewendet, da die Rendite nicht linear ins unendliche zunimmt. Des Weiteren wird bei der polynomischen Darstellung der Schnittpunkt auf null gesetzt werden. Denn ohne Kapital kann auch keine Rendite erzielt werden, folglich ist der Ausgangspunkt der Regression bei null.

Die Regressionsanalyse wird nebst zur Beschreibung des Zusammenhanges, auch zur Herleitung von Vorhersagen verwenden. Bevor die Resultate der Regressionsanalyse analysiert werden, werden die Voraussetzungen geprüft. Für die erste Regressionsanalyse werden die Variablen Gesamtanlagekapital, Immobilienkapital sowie die Volumina und Renditen pro Anlageklasse verwendet. Für die Beurteilung der ersten Voraussetzung der Linearität wird die Korrelationsanalyse nach Bravais Pearson beigezogen. Für die Homoskedastizität der zu verwendenden Daten wird ein t-Test bei einer Stichprobe (n= 53) durchgeführt. Dieser Test hat bei allen variablen ein Signifikanz-niveau von 0.01 oder 0.05 erreicht. Demzufolge kann eine Verzerrung der Variablen aufgrund von systematischen Residuen ausgeschlossen werden. Die letzte Voraussetzung der Normalverteilung wird bereits im Rahmen der deskriptiven Statistik geprüft und erfolgreich umgesetzt. Die Ergebnisse aus der Korrelations- und Regressionsanalyse fliessen als Ganzes in die Erläu-terungen der Studienergebnisse im nachfolgenden Kapitel ein (Universität Zürich, 2021).

4 Empirische Forschungsergebnisse

Im nachfolgenden Kapitel werden die Umfrageergebnisse vorgestellt. Anhand der vorgängigen Literaturrecherche wurden die Fragestellungen für die Aufarbeitung des Fragebogens aufgestellt. Dabei wird in diesem Kapitel abschnittweise Bezug auf die Forschungsfragen genommen. Anhand der vorgestellten Studienergebnisse und der daraus resultierenden Antworten zu den Forschungsfragen, werden im Kapitel 5 die Handlungsempfehlungen abgeleitet. Dabei orientiert sich die Reihenfolge der Auswertungen nach den übergeordneten Themen des Fragebogens. Für jeden Abschnitt werden die Ergebnisse erörtert. Die Daten werden teilweise als Visualisierungen dargestellt. Die Interpretation sowie die Diskussion erfolgen im nachgehenden Kapitel 5. Alle ergänzende Grafiken und Auswertungen der Datenanalyse befinden sich im Anhang.

Analyse der Stichprobe

Bei der durchgeführten Datenanalyse sind 53 Antworten berücksichtig worden. Der Kreis der Investierenden, die an der Umfrage teilgenommen haben, besteht mehrheitlich aus Vorsorgeeinrichtungen. Rund 82 % der Teilnehmenden gaben an, dass Ihre Unternehmung oder Gruppe einer Vorsorgeeinrichtung gleicht. Es wurde hierbei unterschieden zwischen Pensionskassen und Sammel-/Gemeinschaftsstiftungen. Die Gruppe der Sammel-/Gemeinschaftsstiftungen deckt 21 % der Umfrageteilnehmenden ab. Pensionskassen sind mit rund 60 % Anteil dabei. Die restlichen Teilnehmenden mit rund 11 % sind Anlagestiftungen/Fondsgesellschaften und 8 % gehören zur Family Offices-Gruppe. Ein Teilnehmende gab an, dass seine Organisation einer gemeinnützigen Stiftung unterstellt ist. Die restlichen Investorentypen: Lebensversicherungen- und Versicherungsgesellschaft allgemein, Rückversicherungsgesellschaft oder konzerninterne Immobilien-

D. K. Sterchi et al., *Institutionelle Immobilieninvestments in Zeiten von Covid-19*, https://doi.org/10.1007/978-3-658-37003-9_4

dienstleistungsunternehmen, welche zur Auswahl standen, wurden nicht ausgewählt. Das gesamte Anlagevolumen der Teilnehmergruppe Vorsorgeeinrichtungen umfasst rund 242 Milliarden Franken, dies entspricht rund 31 % der Grundgesamtheit. Das Vorsorgevermögen von Vorsorgeeinrichtungen beträgt ungefähr 772 Milliarden Franken, wovon knapp 25 % den Immobilienanlagen zugeschrieben werden kann. Demzufolge kann von einem repräsentativen Datensatz gesprochen werden. Mithilfe der Häufigkeitsverteilung wird ersichtlich, mit welchem Anteil des Gesamtanlagekapitals die Vorsorgeeinrichtungen in Immobilienanlagen investiert sind. Die Mehrheit der Umfrageteilnehmenden sind zwischen 20–30 % ihres Anlagekapitals in Immobilien investiert. Die Umfrageteilnehmenden wurden um die Angabe des Marktwertes ihrer Immobilienportfolios von zwei aufeinanderfolgenden Geschäftsjahren gebeten. Dadurch besteht die Möglichkeit die Veränderung vom Geschäftsjahr 2019 gegenüber dem Geschäftsjahr 2020 zu eruieren. Alle Assetklassen weisen einen positiven Wertzuwachs gegenüber dem Vorjahr 2019 aus. Die stärkste positive Wertveränderung mit 7 % erzielten die indirekten Immobilienanlagen im Ausland. Die inländischen Anlagen direkt und indirekt sind fast gleichauf mit 5.40 % und 5.20 %. Das Gesamtanlagekapital ist im Durchschnitt um 0.4–0.6 % gewachsen. Das Immobilienkapital hat im Gegensatz zum Gesamtanlagekapital nicht bei allen zugenommen. Die grösste negative Veränderung (−23.5 %) weist auf einen deutlichen Rückgang des Immobilienkapitals hin. Das veränderte Immobilienkapital weist zudem eine wesentlich höhere Standardabweichung aus als das Gesamtkapital. Nichtsdestotrotz besteht gemäss Bravais-Pearson

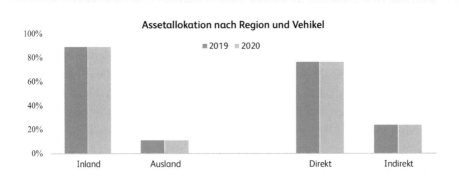

Abbildung 8: **Aufteilung des investierten Immobilienkapitals nach Region und Vehikel**

zwischen dem gesamten Anlagekapital und dem Immobilienkapital aus dem Jahr 2020 eine starke positive Korrelation von 0.827 bei einem zweiseitigem Signifikanzniveau von 0.01. Vom gesamten Immobilienanlagevermögen und über alle Teilnehmergruppen gesehen, besteht dieses aus ca. 76 % direkter Immobilienanlagen und 24 % indirekter Immobilienanlagen. Im Verhältnis zum gesamten Anlagekapital sind es rund 19 % bei direkten und 6 % bei indirekten Investitionen. Beide Anlagevehikel berücksichtigen die Volumina von in- und ausländischen Investitionen. Demzufolge ist eine klare Tendenz zu direkten Anlagen ersichtlich. Die Aufteilung nach der Herkunft, zeigt ein noch augenfälligeres Bild. Der inländische Anteil mit fast 90 % ist klar dem ausländischen Anteil überlegen.

Die grösste Anlageklasse im Datensatz mit rund 75 % vom gesamten Immobilienkapital macht die direkte Immobilienanlage im Inland aus. Die nächstgrösste Anlageklasse ist die indirekte Immobilienanlage ebenfalls in der Schweiz mit rund 14 %. Ausländische Investitionen ob direkt oder indirekt sind am schwächsten vertreten. Indirekte Immobilienanlagen im Ausland machen rund 9 % aus. Die restlichen 2 % können den direkten Immobilienanlagen im Ausland zugesprochen werden. Das Volumen des investierten Kapitals pro Anlageklasse variiert stark. Im Durchschnitt weisen die Teilnehmenden ein direktes Immobilienkapital im Inland von rund 1'200 Millionen Franken, rund 300 Millionen Franken bei den inländischen Kollektivanlagen und rund 200 Millionen Franken bei den ausländischen Kollektivanlagen aus. Die Assetallokation der Teilnehmenden nach Investorentyp sortiert, weisst ein ähnliches Bild auf. Der geringste Anteil weisst die Anlageklasse der ausländischen direkten Immobilienanlagen aus. Lediglich vier Teilnehmende investieren in diese Anlageklasse. Folglich wird diese Anlageklasse in der vertieften Analysenauswertungen nicht einbezogen. Eine Betrachtung der Assetallokation nach Investorentyp gibt einen weiteren Aufschluss über den Datensatz. Da die Mehrheit der Teilnehmenden aus Vorsorgeeinrichtungen besteht, hält diese Teilnehmergruppe mit 65 % auch den grössten Anteil am ausgewiesenen Anlagekapital im Datensatz. Im Verhältnis zum gesamten Immobilienkapital aus dem Datensatz schmälert sich der Anteil der Pensionskassen leicht und deckt nur noch 53 % davon ab. Ein ähnliches Verhältnis weist die Gruppe von Sammel-/Gemeinschaftsstiftungen hin, welche eine grössere Beteiligung am Gesamtanlagekapital (24 %) als am Immobilienkapital (18 %) ausweist. Hingegen ist die Beteiligung der Gruppe der Anlagestiftungen/Fondsgesellschaften entgegengesetzt, rund

11 % respektive 27 % des Kapitals kann dieser Gruppe zugeschrieben werden. Die Assetallokation nach Teilnehmergruppe und Anlageklasse gruppiert, zeigt, dass alle Teilnehmergruppen mehrheitlich in direkte Immobilienanlagen im Inland investiert sind. Die Beteiligung variiert zwischen 55 % bis hin zu 97 %. Die Teilnehmergruppen Family Office und Anlagestiftungen/ Fondsgesellschaften gaben an, dass sie lediglich in direkte Anlagen im In- und Ausland investiert sind und keine Beteiligung an Kollektivanlagen ausweisen. Bei den Pensionskassen und Sammel-/Gemeinschaftsstiftungen ist ein Engagement von 21 % respektive 17 % in inländische Kollektivanlagen vorhanden. Ebenfalls sind diese beide Gruppen in ausländische Gefässe mit 15 % respektive 7 % investiert. Zusätzlich wies eine grosse Pensionskasse mit einem Anlagevolumen von 27 Milliarden Franken ein Engagement in direkte Immobilienanlagen im Ausland aus. Gesamthaft gesehen macht dieses Engagement in der Teilnehmergruppe einen Anteil von 0.5 % aus.

4.1 Direkte Immobilienanlagen

Die Zusammenfassung der Daten des «Allgemeinen Teils» zeigte auf, dass bei dieser Umfrage die direkten Immobilienanlagen mit fast 19 % des gesamten Anlagekapitals am stärksten vertreten sind. Aufgrund der nicht vorhandenen Signifikanz wird die Anlageklasse der direkten Immobilienanlagen im Ausland bei der weiteren Datenauswertung nicht berücksichtigt. Das investierte Kapital in Immobilien in der Schweiz aller Teilnehmenden umfasst 49 Milliarden Franken. Im Vergleich zum Vorjahr hat das angelegte Kapital um rund 5.3 % zugenommen. Das direkte Immobilienkapital 2019 wie auch 2020, mit dem gesamten Immobilienkapital, eine positive Korrelation aus. Die Korrelationsanalyse nach Bravais Pearson weist zwischen dem Gesamtanlagekaptal und dem Immobilienkapital mit einem Signifikanzniveau von 0.01 einen Korrelationskoeffizient von 0.827 aus. Das absolute wie auch das relative Immobilienkapital (gesamt) zeigen einen positiven Zusammenhang von 0.968 respektive 0.936 mit dem Immobilienkapital aus Direktanalgen auf. Für die Veranschaulichung wurden die Daten noch mittels polynomischer Regression grafisch dargestellt. Anhand der untenstehenden Grafik (Abbildung 9) wird die Korrelation deutlich sichtbar. Das direkte Immobilienkapital zeigt, beinahe unabhängig vom gesamten Immobilienvolumen, in dieser Anlageklasse eine hohe Beteiligung aus. Dies widerspiegelt auch der Datensatz anhand der Anzahl Teilnehmenden, die in diese Anlageklasse

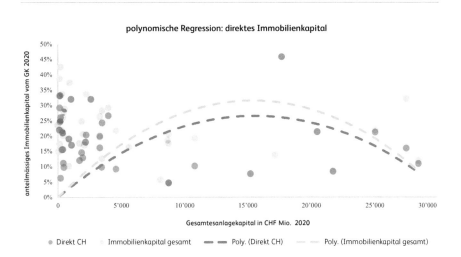

polynomische Regression: direktes Immobilienkapital

Abbildung 9: **Polynomische Regression – direktes Immobilien- und Gesamtanlage-kapital 2020**

investieren (N=38). Die Beteiligung erstreckt sich auch unabhängig von der Kassengrösse über alle Teilnehmenden, jedoch ist die Höhe des Anteils abhängig vom verfügbaren Anlagekapital. Anhand der obenstehenden Grafik ist ebenfalls die Streuung der Kassengrösse gut ersichtlich. Viele Teilnehmende haben ein Anlagekapital von unter 5 Milliarden Franken.

Für ein besseres Unternehmensbild werden die Antworten über ihrer Organisationsstruktur im «Real Estate Asset Management» ausgewertet. Insgesamt gibt es 15 Kriterien aus den Bereichen Strategieentwicklung, Transaktionsmanagement, Steuerung der Bestände und Reporting. Anhand dieser Bereiche kann die Organisationsstruktur der Teilnehmenden abgeleitet werden. Die Auswertung hat ergeben, dass die meisten Teilnehmende ihre Dienstleistungen intern aus den vier Bereichen anbieten. Die Steuerung der Bestände hat als einziger Immobilienbereich eine Tendenz zur Externalisierung. Vor allem die Arbeiten des Flächen- und Mietvertragsmanagement wird oftmals in Kooperation mit einem externen Dienstleister ausgeführt. In Bezug auf die Performance ist ein leicht positiver Zusammenhang feststellbar. Je mehr Tätigkeitsbereiche extern vergeben werden, desto höher fällt die Rendite aus. Diese Erkenntnis basiert jedoch auf keiner fundierten Analyse, da die Kostenaufwände in der Umfrage nicht nachgefragt wurden und das Regressionsmodell die Daten nicht signifikant abbildet. Die durchschnittlich erzielte Rendite im Geschäftsjahr 2020 liegt mit 4.3 % leicht tiefer als im Vorjahr (−0.3 %). Das Renditespektrum hat sich im Jahr 2020 gegenüber dem Vorjahr erweitert, von 4.8 % auf 7.0 %. Dies, zumal sich die Rendite im 25 %-Quantil (3.9 %), wie auch die Maximalrendite (7.6 %) von 2019 weiter in die entgegengesetzte Richtung entwickelt hat. Eine Betrachtung der angegebenen Renditen, gewichtet nach den Anlagevolumen, erhöht sich diese zur ungewichteten durchschnittlichen Rendite um 55 Basispunkte auf 4.85 %. Die Zusammensetzung der Immobilienportfolios besteht mehrheitlich aus Wohnliegenschaften. Die Sektorenallokation der Portfolios besteht aus 42 % Wohnliegenschaften, 21 % Büros, 15 % Einzelhandel und 22 % Sonstiges. Unter Sonstiges sind Logistikobjekte, Alterswohnungen, Hotel und Projektentwicklungen zu verstehen. Diese Assetallokation richtet sich nach den abgegebenen Stimmen und nicht nach dem investierten Volumen. In einem weiteren Schritt sind die Marktwerte von Wohn- und Gewerbeobjekten der Teilnehmenden nachgefragt. Aus den Umfrageergebnissen ist per 2019 ein Marktwert der Wohnliegenschaften aller Teilnehmenden von rund 22.7 Milliarden Franken und insgesamt 1'440 Liegenschaften zu entnehmen. Dies entspricht folglich einem Anteil am gesamten Kapital der direkten Anlagen im Inland von 63 %. Der Marktwert ist gegenüber dem Vorjahr um 4.63 % gestiegen und dies bei einer Liegenschaft weniger im Portfolio. Das heisst, dass im Jahr 2020 die Portfolios insgesamt 1'439 Wohnobjekte ausweisen. Dies entspricht einem durchschnittlichen Objektvolumen von rund 16.6 Millionen Franken und demzufolge ist der Marktwert pro Objekt im Durchschnitt um 0.8 Millionen Franken angestiegen (+5 %). Der Marktwert aller Gewerbeobjekte der Teilnehmenden umfasst rund 9.28 Milliarden Franken und hat gegenüber dem Vorjahr um 0.15 Milliarden abgenommen (1.6 %). Dies entspricht folglich einem Anteil am gesamten Kapital der direkten Anlagen im Inland von 18 %. Für den gleichen Zeitraum werden auch weniger Gewerbeliegenschaften im Portfolio angegeben. Als es im Vorjahr noch rund 406 Objekte sind, sind es im Jahr 2020 12 Liegenschaften weniger. Der durchschnittliche Marktwert pro Gewerbeobjekt umfasste 2019 ein Volumen von rund 22.8 Millionen Franken und ist zum Vorjahr um 0.3 Millionen Franken (+1.26 %) angestiegen. Die mittlere erzielte Performance aller Befragenden und über alle Sektoren gesehen, beträgt im Jahr 2019 rund 4.6 %. Dieser und der Wert fürs darauffolgende Jahr sind keiner vorgängigen Gewichtung unterzogen worden. Im Jahr 2020 verzeichneten die Teilnehmenden einen leichten Renditerückgang von 30 Basispunkte. Im

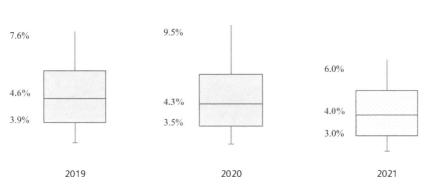

Box-Plot: Total Return (Maximal, Median und 25 %-Quantil)

Abbildung 10: **Total Return (ungewichtet) – Direkte Immobilienanlagen Schweiz**

Vergleich zum Vorjahr hat sich jedoch das Spektrum erweitert. Aufgrund der vorhandenen Daten über das Anlagevolumen in den Segmenten Wohnen und Gewerbe können die angegebene Rendite teils nach Nutzungstypen kategorisiert werden. Reine Wohnportfolios wiesen im Durchschnitt eine Rendite von 5.0 % aus. Die Performance blieb stabil und hat sich zum Vorjahr nicht verändert. Während die Performance von reinen Gewerbeportfolios im Jahr 2019 eine Rendite von 4.8 % auswies, hat sich diese im Covid-19-Jahr um 40 Basispunkte geschmälert. Werden in einem weiteren Schritt die Renditen nach Investitionsvolumen gewichtet, so ist die Rendite im Jahr 2019 noch analog zur ungewichteten (4.6 %). Im darauffolgenden Jahr stieg diese jedoch auf 4.85 % an und folglich über der ungewichteten von 4.3 % liegt.

Um einen möglichen Zusammenhang zwischen erzielte Rendite und Immobilienkapital festzustellen, werden diese beiden Kenngrössen einander gegenübergestellt. Mithilfe der Regressionsanalyse aus Excel, konnte der Verlauf der Rendite hinsichtlich der Investitionsvolumen untersucht werden. Bei der linearen Betrachtung wies die erzielte Rendite 2019 wie auch 2020 mit dem anteilmässig investierte Immobilienkapital (gesamt) eine positive Korrelation aus. Mit einem Bestimmtheitsmass von 85 % respektive 81 % widerspiegelt dieses Modell die Daten gut. Stieg 2019 und 2020 das

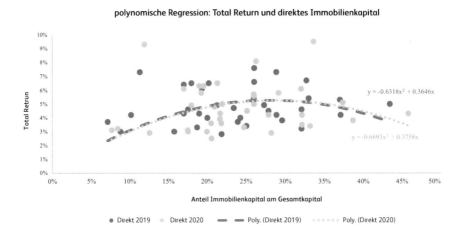

Abbildung 11: Polynomische Regression – Rendite und direktes Immobilienkapital

anteilmässig investiere Immobilienkapital zum Gesamtanlagekapital einer Vorsorgeeinrichtung um 1.0 % an, stieg die Rendite seines Immobilienportfolios mit direkt gehaltenen Liegenschaften um fast 0.2 %. Es besteht folglich ein Zusammenhang dieser beiden Variablen. Mit dieser Aussage wird kein kausaler Zusammenhang beschrieben, das heisst, es wird nicht gesagt, dass bei einem höheren Anteil von investiertem Immobilienkapital eine höhere Rendite der Direktanlagen bedingt. Da die Daten eine fluktuierende Struktur aufweisen, wird die polynomische Regression zweiten Grades beigezogen. Anhand dieses Modells wird ersichtlich, dass die Rendite ab einem investierten Immobilienkapital von rund 28 % vom Gesamtkapital zu schrumpfen beginnt. Das heisst, der Grenzwert der Rendite, also die maximale Rendite, in diesem Datensatz bei 5.26 % liegt.

Obwohl sich angesichts der polynomischen Regression keine grossen Veränderungen der Rendite in Bezug aufs Investitionsvolumen erkennen lässt, konnten die Teilnehmenden dennoch einige Veränderungen in ihren Portfolios feststellen. Die meisten Teilnehmende teilten die Ansicht, dass durch den Effekt von Covid-19 die Vermietung der leerstehenden Flächen erschwert wurde. Diese drückte sich auch in einer höheren Absorptionsdauer aus. In Anbetracht von «Social Distancing» kam die Frage auf, ob infolgedessen Besichtigungen digital durchgeführt werden. Dieser Ansicht waren jedoch nur 35 % der Teilnehmenden und dies, obwohl 43 % der Stichprobe eine höhere Absorptionsdauer im Wohnsegment festgestellt haben. In Bezug auf den Büromarkt kann der aufstrebende Trend von Co-Working Flächen mit Covid-19 in Zusammenhang gebracht werden. Mehr als die Hälfte der Stichprobe (54 %) konnten in ihren Gewerbeportfolios einen Nachfrageanstieg bei den Co-Working Spaces erkennen. Das ertragsschwache Geschäftsjahr, sowie der verstärkte Fokus auf den Online-Handel, können diverse Gewerbemieter in die Bredouille bringen. Da stellt sich die Frage, wie zukunftsträchtig und nachhaltig die Geschäfte der Mieter sind. Lediglich ein Achtel (12 %) der Teilnehmenden gaben an, dass sie die Struktur ihrer Gewerbemieter im Portfolio optimieren werden, um die erwartete Rendite künftig zu gewährleisten. Im Allgemeinen wird die Renditeerhöhung mehrheitlich durch Optimierungen im Bestand und weniger durch Zukäufe angestrebt. Eine bekannte Massnahme zur Optimierung im Bestand ist, die Cashflow-Optimierung, welche zum Beispiel mit einer verbesserten Mieterstruktur oder Ausschöpfung des Mietzinspotenzials erreicht werden kann. Fast 90 % der Teilnehmenden legen vermehrt den Fokus auf ihren Bestand als auf die Akquise. Der letzte Aspekt dieser Fragestellung befasst sich mit der Anlagestrategien. In Krisenzeiten und hinsichtlich des Risiko-/ Renditeprofil von Vorsorgeeinrichtungen, könnte eine vermehrte Tendenz zu Core-Investments erwartet werden. Rund ein Drittel der Befragten gaben ein risikoaverseres Investitionsverhalten aufgrund der aktuellen Situation an. Trotz des Lockdowns und der Unsicherheit hinsichtlich des weiteren Pandemieverlaufs, sind nur wenige der geplanten Transaktionsgeschäfte fürs 2020 verschoben oder gar abgesagt worden. Nur 17 % der Teilnehmenden gaben an, dass ihre geplanten Transaktionsabschlüsse verschoben wurden. Gemäss den Rückmeldungen fand im Transaktionswesen kein Re-Pricing zu günstigeren Konditionen statt. Nur 34 % der Teilnehmenden gaben an, dass sie ihre Investitionsziele im Jahr 2020 nicht erreicht haben. In Bezug auf Covid-19 wird nur jeder zehnte Teilnehmende seine Investitionsziele fürs 2021 senken. Weiter spielt das Thema Nachhaltigkeit bei Investitionsentscheidung eine zentrale Rolle. Eine Zertifizierung, unabhängig vom Label, ist nur sekundär. Von einem Teilnehmende hat ergänzend zu den bestehenden Antwortmöglichkeiten eine weitere Komponente genannt: In seinem Portfolio konnte er einen Anstieg des Mietzinsausfalls aufgrund der freiwilligen Mieterlasse feststellen.

Zukünftige Einschätzung des Immobilienmarktes nach Sektor

In einem weiteren Schritt sind die Teilnehmenden nach ihrer Erwartungshaltung, die Zukunft betreffend, hinsichtlich des Schweizerimmobilienmarktes nachgefragt worden. Dabei ist die Fragestellung nach Einschätzung der künftigen Mietausfälle, Transaktionspreise und Mietpreise pro Nutzungstyp aufgeteilt. Zusätzlich wird bei den Nutzungstypen noch nach Lagen (zentrale oder periphere Lage) unterschieden. Die Ergebnisse zeigen auf, dass die Beurteilungen je nach Nutzungstyp sehr unterschiedlich ausfallen. Der Wohnungsmarkt wird auch in Zukunft von einem tiefen Leerstandsrisiko und sehr hohen Transaktionspreisen geprägt sein. Hinsichtlich der Lage wird eine leichte Abkühlung an peripheren Lagen erwartet. Das Gewerbesegment war von einem ertragsschwachen Geschäftsjahr geplagt. Folglich sehen die Teilnehmenden die Prognosen eher auf einem absteigenden Ast. Im Bereich der Büronutzung sind die Eischätzungen jedoch sehr standortabhängig. Einen stärkeren Rückgang der Mietpreise wird vor allem an peripheren Lagen erwartet. Diese Einschätzung wird von beinahe allen Teilnehmenden geteilt. Ebenfalls für den Einzelhandelssektor schätzen die Teilnehmenden die Aussichten eher düster ein, denn auch hier gehen sie von steigenden Leerstände und sinkenden Preisen aus. Kein einziger Teilnehmende gab an, dass die Transaktions- oder Mietpreise in diesem Sektor zunehmen werden. Jedoch unterscheiden sich die Verhältnisse, zwischen

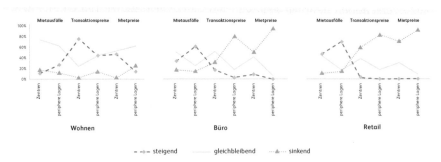

Abbildung 12: **zukünftige Markteinschätzung der Sektoren Wohnen, Büro und Einzelhandel**

einer stabilen und einer sinkenden Entwicklung dieser Kenngrössen, hinsichtlich der Lage. Die Aussichten bei zentral gelegenen Verkaufsflächen werden leicht optimistischer eingeschätzt.

Die Rückläufe betreffend der Prognosen zu den Spezialliegenschaften sind geringer, da nur wenig Befragende in diese Nutzungsart investieren. Die Anzahl der Teilnehmenden, welche im Logistiksegment investieren ist vier, bei Wohnen im Alter neun und bei den Hotels bzw. Kongresszentren sind es gerade mal zwei. Es konnten jedoch alle Teilnehmenden dieser Anlageklasse eine Einschätzung abgeben, unabhängig von ihrer Assetallokation nach Sektor. Aus der untenstehenden Grafik wird ersichtlich, dass einzig im Logistiksegment mit steigenden Preisen zu rechnen ist. Der Gesundheitssektor steht vor einer stabilen und weiterhin attraktiven Zukunft. Bei der Hotel-/Kongressbranche schätzen die Teilnehmenden die Zukunft am düstersten ein im Vergleich zu den anderen Sektoren. Sie sind sich einig, dass die Mietpreise künftig abnehmen werden. In dieser Hinsicht sind sich die Teilnehmenden stärker im Klaren als bei den Transaktionspreisen, wo vereinzelte eine horizontale Entwicklung sehen.

4

Zukünftige Markteinschätzung nach Sektoren (n=22–33)

Abbildung 13: **zukünftige Markteinschätzung der Spezialliegenschaften**

Zusammengefasst erwarten die Teilnehmenden bei den meisten Sektoren eine Abkühlung. Diese Einschätzung deckt sich auch mit ihrer Rendite-erwartung fürs 2021. Denn auch diese deutet auf eine Abkühlung hin. Im besten Fall wird im Prognosejahr nur noch eine Rendite von 6.0 % erzielt werden, was gegenüber den vorherigen Jahren rund 150 bis 300 Basispunkte weniger ist. Die Minimalrendite erreicht sogar einen Tiefstwert von 1.1 %. Nichtsdestotrotz wird dennoch im Durchschnitt eine Rendite von 4.0 % erwartet. Folglich wird sich das Renditespektrum fürs 2021 stark verklei-nern. Anhand der Markteinschätzung und der Ausrichtung des Portfolios lässt sich die zukünftige Anlagestrategie nach Nutzungstyp ableiten. Auch zukünftig liegt der Investitionsfokus der Teilnehmenden verstärkt bei den Wohngebäuden an zentralen Lagen. Die Teilnehmenden gaben an, dass die Investitionen in Projektentwicklungen auch künftig für sie attraktiv sei. Bei dieser Komponente kann nicht nach Nutzungstyp aufgegliedert werden. Im Allgemeinen ist jedoch das Investitionsverhalten der Umfrageteilnehmer eher passiv, also weder gross auf Akquise noch auf Devestitionen ausge-richtet. Wird der künftige Investitionsfokus nach investiertem Volumen gruppiert, kann keine eindeutige Richtung erkannt werden.

4.2   Indirekte Immobilienanlagen

Das gesamte Anlagevolumen der Kollektivanlagen im In- und Ausland um-fasst rund 16 Milliarden Franken. Die Stichprobengrosse beträgt bei diesem Anlagevehikel zwischen 26 und 31 Teilnehmenden und mehrheitlich Vor-sorgeeinrichtungen. Lediglich ein Teilnehmende, ein Family Office, ist bei den indirekten Anlagen im Ausland beteiligt. Dieses Family Office macht jedoch wertmässig nur 0.5 % vom gesamten Kuchen aus. In diesem Kapitel werden die Ergebnisse der inländischen und ausländischen Anlagevehikel nacheinander vorgestellt, beginnend mit den inländischen Kollektivanlagen. Die behandelten Fragestellungen umfassen Themen wie das Anlagekapital, die Rendite sowie festgestellte Veränderungen im Portfolio der Teilnehmen-den. Bei den direkten Immobilienanlagen, wie auch bei den Indirekten, wird nach Veränderungen im Immobilienmarkt gesucht. Da die Antworten der indirekten Immobilienanlagen im Inland und im Ausland, abgesehen von einer, identische sind, werden diese am Schluss dieses Kapitels miteinander verglichen.

Indirekte Immobilienanlagen in der Schweiz

Das Anlagevolumen der indirekt investierten Teilnehmenden in der Schweiz umfasst im Jahr 2020 rund 9.4 Milliarden Franken. Dies entspricht rund 14 % des gesamten Immobilienkapitals aller Teilnehmenden oder ungefähr dem Marktwert aller direkt gehaltenen Gewerbeobjekten in der Schweiz. Im Vergleich zum Vorjahr hat auch diese Anlageklasse an Wert zugenommen (4.4 %). Mit rund 43 % ihres investierten Kapitals sind die Teilnehmenden in Anlagestiftungen (direkte Immobilienanlagen). 21 % gaben an, dass sie in Immobilienaktiengesellschaften/ Real-Estate-Investment-Trust (REITs) investiert sind. Die restlichen Anteile lassen sich gleichmässig auf Immobiliengesellschaften mit variablem Kapital (SICAV), Anlagestiftungen in Form eines Fund of Funds und Spezialgefässe aufteilen. Die Korrelationsanalyse mit nicht-parametrisch freien Variablen nach Spearman zeigt auf, dass inländische Kollektivanlagen einen positiven Zusammenhang mit dem Gesamtanlagekapital haben. Ebenfalls eine positive Korrelation besteht zwischen der Anlageklasse und dem gesamten Immobilienkapital auf einem Signifikanzniveau von 0.01. Ein Korrelationskoeffizient von 0.682 zwischen der Anlageklasse und dem gesamten Immobilienkapital widerspiegelt sich

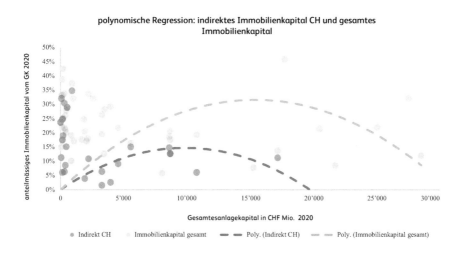

Abbildung 14: **Polynomische Regression – indirektes Immobilien- und Gesamtanlagekapital (CH) 2020**

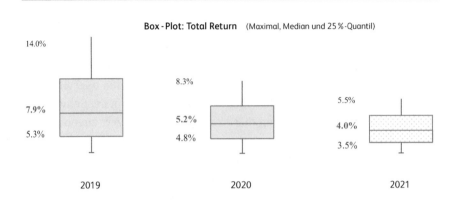

Box - Plot: Total Return   (Maximal, Median und 25 %-Quantil)

Abbildung 15: **Total Return (ungewichtet) – Indirekte Immobilienanlagen Schweiz**

auch in der polynomischen Regression. Wobei der Fokus der indirekten Engagements im Inland bereits ab einem Gesamtvermögen von rund 10 Milliarden Franken abnimmt.

Mit dem investierten Kapital erzielten die Teilnehmenden im Durchschnitt eine ungewichtete Rendite von 7.9 % im Jahr 2019. Die Renditen weisen eine hohe Standardabweichung von 11.6 % aus. Beide Kenngrössen verringerten sich im Corona-Jahr um 27 respektive 53 Basispunkte. In Anbetracht der unterschiedlichen Kassengrösse unterscheidet sich die gewichtete von der ungewichtete Rendite. Dabei gibt es auch Unterschiede in den beiden Berichtsjahren. Vor Ausbruch der Pandemie, wiesen die grösseren Portfolios eine gewichtete Rendite von 8.32 % (+0.4 %) aus. Im Krisenjahr überwiegt die ungewichtete Rendite mit +0.25 % die gewichtete Rendite.

Die Überlegung einer Linearität der Rendite und des investierten Kapitals lässt sich mittels der linearen Regression belegen. Anhand dieses Modells mit einem Bestimmtheitsmass von 0.78 und 0.88 lässt daraus schliessen, dass die beiden Variablen in einem positiven Zusammenhang stehen. Wie bereits erörtert, ist im Jahr 2020 eine schlechtere Performance erzielt worden. Die mindere Performance im Jahr 2020 wird in der linearen Regression ersichtlich, zusätzlich flacht die Linie gegenüber dem Vorjahr leicht ab. Das heisst, dass bei gleichem anteilsmässig-investiertem Kapital eine geringere Rendite erzielt wurde als noch im Vorjahr 2019. Die Erkenntnisse werden mit der

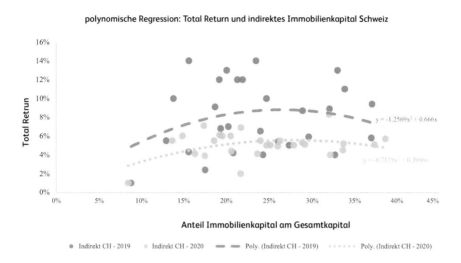

Abbildung 16: **Polynomische Regression – Rendite und indirektes Immobilienkapital Inland**

Beziehung der polynomischen Regression zweiten Grades verstärkt unterstützt. Die Daten aus dem Jahr 2020 schreiben eine flachere Wölbung. Diese Darstellung widerspiegelt das tiefere Renditespektrum und dies praktisch unabhängig vom Investitionsvolumen.

Die Gründe für den Renditerückgang im Zusammenhang mit Covid-19 konnten 46 % der Teilnehmenden in ihren Portfolios aufgrund von Bewertungskorrekturen (Abwertungen) feststellen. Die Folge davon war eine tiefere Ausschüttungsrendite, jedoch sind hier die Teilnehmenden geteilter Meinung. 50 % der Stichprobe sehen in Zukunft eine Ausschüttungsrendite unter 3 % als Norm, 30 % teilen diese Ansicht nicht und 20 % enthalten sich. Die Teilnehmer sind, separiert von dieser Frage, über ihre Erwartung hinsichtlich der Rendite fürs 2021 gefragt worden. Der Durchschnitt der angegebenen Werten liegt bei 4.0 % und folglich über der Norm von 3 %, welches dem 25 %-Quantil entspricht. Im Allgemeinen konnte sich jedoch kein Faktor mit einem Zustimmungsanteil von über 50 % klar herauskoren, als «der» Einflussfaktor schlechthin. Zumal der Anteil der Enthaltungen «keine Meinung» bei jeder Antwortmöglichkeit zwischen 10 % und 25 % liegt. Werden die Enthaltungen ausser Acht gelassen, ist das Verhältnis der

Antworten (trifft zu oder trifft nicht zu) der Teilnehmer fast durchwegs 50/50. Die geringste Zustimmung erhält die Aussage «Rückzug aus nicht-kotierten Anlagegefässen» (23%) und die «Lancierung von neuen Produkten frühestens in 3–5 Jahre» (17%). Hinsichtlich der Renditeerwartungen sind sich zwei Drittel der Teilnehmer einig: Anlagegefässe mit einem hohen Gewerbeanteil werden künftig eine tiefere Rendite erzielen. Ebenfalls fürs Wohnsegment sehen mehr als die Hälfte der Teilnehmer eine tiefere Rendite in diesem Sektor in Zukunft.

Indirekte Immobilienanlagen im Ausland

Die dritte und letzte Anlageklasse dieser Forschungsstudie befasst sich mit den indirekten Immobilienanlagen im Ausland. Diese Klasse umfasst für 2020 ein investiertes Anlagevolumen von rund 6.2 Milliarden Franken und nahm gegenüber dem Vorjahr um 5.3% zu. Die meisten Teilnehmer sind mit 5.0% oder weniger vom Gesamtanlagevolumen in diese Klasse investiert. Lediglich fünf Teilnehmer sind mit mehr als 5.0% investiert, der höchste Wert liegt bei 15.0%. Auch hier wird die Beziehung der Anlageklasse mit dem Gesamtvolumen und dem gesamten Immobilienkapital untersucht. Anhand der Korrelationsanalyse wird die Verbindung zwischen der Variablen

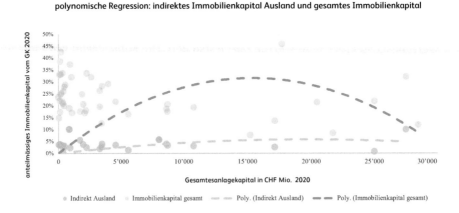

Abbildung 17: **Polynomische Regression – indirektes Immobilien- und Gesamtanlagekapital (Ausland) 2020**

aufgezeigt. Es stellte sich heraus, diese Anlageklasse eine positive Verbindung mit dem Gesamtanlagekapital von 0.627 und mit dem Immobilienkapital von 0.842, auf einem Signifikanzniveau von 0.01 hat. Im Vergleich zur inländischen Anlageklasse, weist diese eine stärkere positive Korrelation mit dem Immobilienkapital aus. Für die Veranschaulichung dieses Zusammenhanges, wird eine polynomische Regression abgebildet. Die Gegenüberstellung des Immobilienkapitals und der Anlageklasse bestätigt die positive Verbindung. Des weiteren kann der untenstehenden Grafik entnommen werden, dass die Investierenden bei dieser Anlageklasse eine Beteiligung von +/−5.0 % haben und dies unabhängig vom Volumen des Gesamtanlagekapitals. Im Vergleich zu den anderen beiden Anlageklassen weist diese die geringste Beteiligung und die flachste Kurve aus.

Mit einem durchschnittlich investierten Kapital von rund 207 Millionen Franken ist eine durchschnittliche Rendite von knapp 4.0 % erzielt worden. Im Vergleich zum Vorjahr sank diese um 100 Basispunkte im Corona-Jahr. Die ausgewiesenen Renditen sind nicht länderspezifisch erhoben und sind unabhängig vom Investitionsvolumen berechnet worden. Bei einer gewichteten Betrachtung nach investiertem Volumen, ist im Jahr 2019 eine Rendite von 7.15 % erzielt worden. Die Differenz von mehr als 200 Basispunkte zwischen ungewichtet und gewichtet, weist auf eine bessere Performance von grösseren Portfolios hin. Ein Jahr später hat sich die Differenz abgeschwächt und macht nur noch 28 Basispunkte aus.

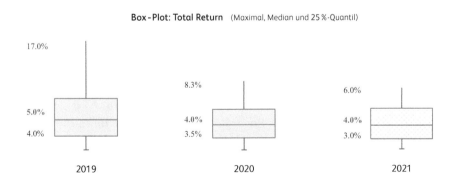

Box-Plot: Total Return (Maximal, Median und 25 %-Quantil)

Abbildung 18: **Total Return indirekte Immobilienanlagen Ausland (ungewichtet)**

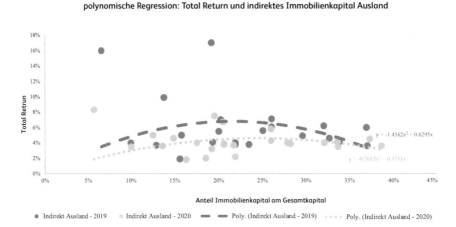

Abbildung 19: **Polynomische Regression – Rendite und indirektes Immobilienkapital Ausland**

Anhand der linearen Regression wird die positive Korrelation zwischen dem investierten Kapital, welches in Prozent zum gesamten Anlagekapital ausgewiesen wird und der erzielten Rendite sichtbar. Das Modell zeigt ein Bestimmtheitsmass von 0.5584 für die Daten aus dem Jahr 2019 und ein solches von 0.7342 fürs darauffolgende Jahr. Die beiden Geraden verlaufen nicht genau parallel. Je höher der Anteil des investierten Kapitals ist, desto grösser wird der Abstand zwischen den beiden Geraden. Werden die beiden Datensätze in einer polynomischen Regression abgebildet sind die Performanceunterschiede weiterhin sichtbar, jedoch weisen die Daten aus dem Jahr 2020 eine flachere Kurve aus.

Bei den ausländischen Immobiliengefässe stachen zwei Argumente für den Renditerückgang im Zusammenhang mit Covid-19 hervor. 63 % der Teilnehmenden konnten in ihren Portfolios Abwertungen in ihren Portfolios feststellen. Die Erkenntnis einer tieferen Ausschüttungsrendite teilt der gleich grosse Teilnehmerkreis. Des weiteren haben fast die Hälfte der Befragenden angegeben, dass sie ihre Investitionsziele fürs 2020 nicht erreicht haben. Allen anderen genannten Antwortmöglichkeiten weisen einen Zustimmungsanteil von unter einem Drittel aus. Die geringste Zustimmung erhalten die Antworten in Bezug auf die Veräusserung respektive den Rückzug aus kotierten (8 %) und nicht-kotierten (13 %) Anlagegefässen. Covid-19 hat gemäss den Teilnehmenden keinen signifikanten Einfluss auf die Produktlancierung oder Entscheidungsfindung. Auch bei den ausländischen Anlagen wird eine tiefere Performance im Gewerbesektor als im Wohnsektor erwartet. Rund zwei Drittel teilen diese Einschätzung in Bezug auf den Gewerbesektor und rund die Hälfte im Wohnsegment.

Veränderungen im Immobilienmarkt – Schweiz und Ausland

Mittels des Netzdiagramms können Werte von mehreren, gleichwertigen Kategorien dargestellt werden. Besonders gut eignet sich dieses Diagramm zum Visualisieren von Evaluationen für zuvor festgelegte Kriterien zweier Serien, wie im Beispiel mit den zwei indirekten Immobilienanlageklassen. Das Netz der beiden Anlageklassen weist eine ähnliche Struktur auf. Bei den Themen «passendes Produktangebot vorhanden» und «Produktlancierungen frühestens in 3–5 Jahre» sind sich die inländisch wie auch die ausländisch Investierenden einig. Hinsichtlich Covid-19 hatte die Pandemie kurzfristig noch keinen Einfluss auf den Angebots- und Nachfragemarkt nehmen können. Die Antworten der Teilnehmenden gehen jedoch bei der Kategorie «Ausschüttungsrendite unter 3 % wird zur Norm» auseinander. Wobei nur knapp 30 % der ausländisch investierten Teilnehmer dieser Aussage zustimmen, ist der Zustimmungsanteil der inländisch investierten bei 50 %. Obwohl mehr Personen dieser Aussage zustimmen, sehen beide Seiten die inländischen Anlagegefässe als attraktiver. 60 % respektive 55 % der Teilnehmenden sehen die inländischen Gefässe im Vorteil. Der Zustimmungsanteil dazu ist bei den im Ausland investierten Anlegenden sogar noch grösser. Zukunftsorientierte Themen, wie Digitalisierung und Nachhaltigkeit werden nahezu gleich bewertet, nämlich als künftig wichtige Werttreiber. Die Aussagen hinsichtlich dieser Themenbereiche werden nur gering stärker von internationalen Anlegenden gestützt. Eine Zusatzfrage wird im Rahmen von Covid-19 den internationalen Anlegenden gestellt. Die Aussage fokussiert sich auf den Transaktionsbereich. Betreffend der laufenden Pandemie kamen zwei Gebiete stark in den Fokus. Zum einen ist es die Politik und zum anderen das Gesundheitswesen. Aus diesem Grund stellt sich die Frage, ob zukünftige Investitionen in Länder mit einer hohen Stabilität und Verlässlichkeit in Politik und im Gesundheitssystem erfolgen. Gemäss der Auswertung spielt nebst der Nachhaltigkeit auch die politische und gesundheitliche Stabilität eines Landes eine zentrale Rolle bei Investitionsentscheidungen.

Gründe für und gegen indirekte Immobilieninvestitionen

Mit den ausgewerteten Daten in Bezug aufs Investitionskapital und der Rendite ist eine retrospektive Sicht eingenommen worden. Bevor die zukünftige Investitionsstrategie der Umfrageteilnehmenden erläutert wird, stellt sich die Frage, der Motive für oder gegen eine Investition in Immobiliengefässe im In- und Ausland. Die Frage ist bewusst nur in Bezug auf indirekte Engagements gestellte worden, da diese Anlageklasse gemäss der Pensionskassenstudie von Swisscanto 2020 das stärkste Wachstum in den letzten Jahren verzeichnete. Die Fragestellung ändert sich je nach Anlagestrategie der Befragten. Teilnehmende mit direkter Investition sind gefragt worden, welche der genannten Motive aus ihrer Sicht gegen Kollektivanlagen sprechen. Teilnehmende, die indirekt im Inland investieren sind mit der Frage konfrontiert worden, was sie an ausländische indirekte Investitionen hindert. Des weiteren sind diese Teilnehmergruppen nach ihren Beweggründen für Investitionen in indirekte Anlagen im Inland befragt worden. Die ausländisch indirekt investierte Gruppe wurde hinsichtlich ihrer Motive für indirekte Investitionen untersucht. Aus Sicht der Teilnehmenden mit direkt Investitionen sprechen einige Gründe *gegen* indirekte Investitionen. Die meistgenannten Gründe die gegen eine indirekte Investition, sind der vorhandene Immobilienbestand sowie die Kosten. Viele Vorsorgeeinrichtungen sind bereits im Besitz eines gut diversifizierten Portfolios. Durch neue Investitionen in indirekte Anlagegefässe könnte der vorhandene Diversifikationseffekt der direkten Immobilien verloren gehen. Dieser Grund wurde zu den bestehenden Antwortmöglichkeiten von einem Teilnehmer ergänzend erwähnt. Weitere Gründe sind, die Kosten bei der Auswahl eines geeigneten Gefässes, sowie die Managementkapazitäten, welche bereits für direkten Anlagen ausgenutzt werden. Bei der Hälfte der Befragten ist der Bedarf für indirekte Investitionen aufgrund der bisherigen Investitionsstruktur nicht vorhanden. Da die aktuelle Anlagestrategie aus ihrer Sicht ausreichend zielführend ist. Andererseits sind das fehlende Wissen und die Komplexität dieser Produkte jedoch keine Hinderungsgründe. Für nicht-indirekte Investitionen im Ausland kommen nebst den bereits genannten Motiven noch weitere dazu. Wichtige Faktoren sind Politik, Markttransparenz und Rechtsstruktur. Die politischen und rechtlichen Risiken im Ausland sind die meistgenannten Hinderungsgründe. Fast drei Viertel der Befragten stimmen diesem Hinderungsfaktor zu. Weitere Motive sind die hohe Attraktivität des inländischen Marktes, kein Währungsrisiko, Intransparenz auf den ausländischen Märkten und fehlende Marktkenntnisse. Ebenfalls mehr als die Hälfte sehen die mangelnde Erfahrung und den Kosten- und Kontrollaufwand als Grund für den Rückzug oder gegen den Einstieg im Ausland. Dagegen sind unternehmensinterne Restriktionen oder das mangelnde Investitionsvolumen kein Hinderungsgrund. Auch Covid-19 beeinträchtigt die Investitionsentscheidungen für ausländische Immobiliengefässe nicht negativ. Nur 20 % sehen die Pandemie als Risikofaktor. Grundlegend sprechen alle Gründe, welche nicht gegen eine indirekte Investition sprachen, eigentlich *für* eine Investition in dieses Anlageklasse. In diesem Abschnitt werden nun die Motive, welche für eine Investition in Immobiliengefässe sprechen, aus Sicht von inländischen und ausländischen gegenübergestellt. Die meistgenannten Gründe sind Diversifikation, Risiko/Return Struktur und die Erschliessung neuer und oftmals unbekannter Märkte. Wobei Letzteres vor allem für die ausländischen Investitionen gilt. Weitere Gründe sind die einfachere Implementierung und höhere Fungibilität dieser Anlageklasse. Themen wie Outsourcing der Bewirtschaftung oder der Asset Allokation, welche durch allfällige Einsparungen von internen Ressourcen erreicht werden können, werden nicht klar als Befürwortung deklariert. Die Teilnehmer sehen die steuerlichen oder bilanziellen Aspekte als geringster Vorteil.

4.3 Immobilienspezifische Veränderungen in Zeiten von Covid-19

Für die Gegenüberstellung der Aussagen von allen drei Anlageklassen, werden nur diese ausgewählt, welche inhaltlich auch vergleichbar sind. Anhand der Bemerkungen und des Zustimmungsanteils der Teilnehmenden können Anomalien oder Übereinstimmung erkannt werden. Mittels eines Liniendiagramms werden die Daten grafisch dargestellt. Je mehr eine Aussage der Ansicht der Teilnehmenden entspricht, desto höher fällt der Zustimmungsanteil aus und desto höher liegt die Linie in der Grafik. Die Grafik zeigt auf, dass im direkten Immobilienbereich die Teilnehmenden der Ansichten sind, dass Covid-19 einen geringen Effekt auf ihr Portfolio habe. Lediglich 10 %

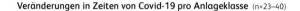

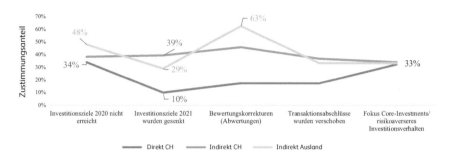

Abbildung 20: **Veränderungen in Zeiten von Covid-19 im Portfolio pro Anlageklasse**

der Befragenden haben ihre Investitionsziele fürs 2021 gesenkt. Bei den indirekten Engagements ist dieser Anteil wesentlich höher. Am höchsten fällt er bei der inländischen Anlageklasse mit fast 40 % aus, obwohl 2020 die Ziele nur von 38 % nicht erreicht wurden. Veränderungen im Portfolio hinsichtlich der Bilanzbewertung konnten am meisten von der Gruppe der indirekten Anlagen im Ausland festgestellt werden. 63 % dieser Teilnehmergruppe gab an, dass Bewertungskorrekturen im Sinne einer Abwertung stattgefunden haben. Bei den inländischen Anlagen fällt der Anteil mit 46 % geringer aus. In dieser Kategorie ist der Unterschied zwischen indirekt und direkt am grössten, denn nur knapp ein Fünftel der Befragten der direkten Anlagen sahen diese Veränderung in ihrem Portfolio. Des weiteren wurden auch bei dieser Gruppe am wenigsten Transaktionen aufgrund der Pandemie verschoben (18 %). Der Anteil bei den direkten Anlagen dagegen liegt leicht höher bei rund einem Drittel. Bei allen drei Anlageklassen liegt der Fokus bei einem Drittel der Befragten nun stärker bei risikoaverseren Investments.

4.4 Megatrends in der Immobilienwirtschaft

Ergänzend zu den sechs Megatrends der Studie Regensburg und KPMG, haben sich weitere Megatrends herauskristallisiert. Es ist zwischen den Megatrends im Immobilienbereich und der Megatrends für Vorsorgeeinrichtungen zu unterschieden. Es gibt einige Megatrends wie Smart City und technologischer Fortschritt, die auch mit dem Thema Nachhaltigkeit und Digitalisierung in Verbindung gebracht werden können. Für die Umfrage sind teilweise bewusst verwandte Begrifflichkeiten oder Synonyme für einen Megatrend gewählt worden und nicht nur die gängigsten Begriffe. Dadurch sollte verhindert werden, dass die Teilnehmenden durch ihnen bekannte Begrifflichkeiten beeinflusst werden und stärker zu diesen tendieren. Die Teilnehmenden hatten die Möglichkeit die fünf genannten Megatrends pro Bereich (Immobilienbranche und Vorsorgeeinrichtungen) nach ihrer Wichtigkeit zu beurteilen, wobei eins unwichtig bedeutet und zwei sehr wichtig. Für die untenstehenden Liniendiagramme der Abbildungen 21 und 22 wurden nur die Antworten berücksichtigt, bei denen ein Beurteilungskriterium angekreuzt war. Folglich wurden die Stimmen, welche «keine Meinung» angekreuzt haben aussortiert. Je höher sich die Linie auf der Horizontalen befindet, desto wichtiger erscheint den Teilnehmenden dieses Kriterium. Die Analyse der Umfrageergebnisse hat gezeigt, dass keine grossen Unterschiede zwischen den direkten und indirekten Anlageklassen in Bezug auf die Immobilienbranche bestehen. Aus Sicht der Teilnehmenden sind die künftigen Themengebiete im Immobilienmarkt der technologische Fortschritt und die Digitalisierung. Wobei letzteres für die Gruppe der indirekten Anlagen von leicht grösserer Wichtigkeit scheint. Mit einem Durchschnittswert von 1.54 bei den direkten und 1.64 bei den indirekten, wird dem Megatrend Globalisierung die geringste Beachtung geschenkt. Die fünf untenstehenden Megatrends weisen Werte von 1.54 bis 1.97 aus. Grundsätzlich liegen die beiden Linien zu den Trends nahe beieinander.

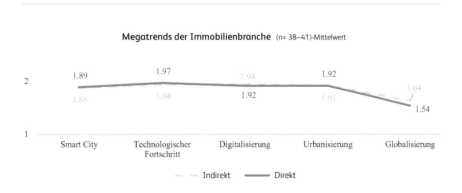

Megatrends der Immobilienbranche (n= 38–41)-Mittelwert

Abbildung 21: **Megatrends der Immobilienbranche**

Die nächsten fünf Megatrends, welche mit den Vorsorgeeinrichtungen in Zusammenhang gebracht werden, decken sich teilweise mit denen aus der Immobilienbranche. So können die Megatrends der beiden Fokusgruppen gegenübergestellt und miteinander verglichen werden. Die Rückmeldungen zu den Trends dieser Themengruppe liegen jedoch weiter auseinander als die der Immobilienbranche. Die Linie der indirekt investierten Teilnehmenden entwickelt sich, über die fünf Megatrends gesehen, konträr zu den direkt investierten Teilnehmenden. Das heisst, dass für die Befragten der indirekten Anlagen vor allem Flexibilität und Fokus aufs Kerngeschäft sowie geografische Diversifikation von grösster Bedeutung sind. Für die Direktanlagen scheinen diese beiden Megatrends die geringste Wertschätzung zu haben. Erneut erhält die Nachhaltigkeit mit einem Wert von 1.98 respektive 1.95 die höchste Geltung. Diese Werte sind über alle Megatrends gesehen, die am höchsten gewerteten. Nebst der Nachhaltigkeit sind sich die beiden Befragungsgruppen über die Wichtigkeit der Prudent Investor Rule bewusst. Dieser Megatrend ist im Rahmen der vorsichtigen und haushälterischen Anlagestrategie entstanden. In Anbetracht der laufenden Pandemie stellt sich die Frage, ob die aktuelle Anlagestrategie noch sinnvoll ist oder ob das Anlagereglement, wie bei den Vorsorgeeinrichtungen, die Anleger zu stark einschränkt. Der Megatrend Umwandlungssatz wird mit den Themen Gesundheit, demografische Struktur und künftiger Pandemien in Verbindung gebracht. Dieser Trend ist im Vergleich zu den anderen vier Megatrends dieser Kategorie mit einem Wert von 1.80 und 1.85 am tiefsten bewertet worden.

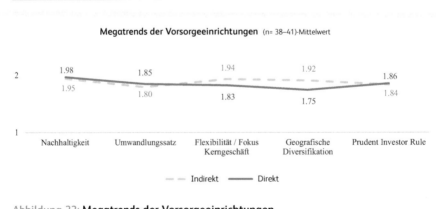

Megatrends der Vorsorgeeinrichtungen (n= 38–41)-Mittelwert

Abbildung 22: **Megatrends der Vorsorgeeinrichtungen**

4.5 Zukünftige Assetallokation der Immobilienanlagen

In Anbetracht der Markteinschätzungen der Teilnehmer werden nun die zukünftigen Immobilienstrategien präsentiert. In einem weiteren Schritt wurde das zukünftige Investitionsverhalten nach Sektor und Land von den ausländisch investierten Teilnehmenden nachgefragt. Zur Bestimmung der künftigen Investmentstrategie hatten die Teilnehmenden die Möglichkeit anzugeben, ob sie zukünftig mehr, weniger oder analog dem Vorjahr (gleich-bleibend) investieren werden und dies pro Anlageklasse. Bei der Option «steigend» sind ebenfalls neugeplante Investitionen inbegriffen, falls ein Investor erstmalig in eine Anlageklasse investieren würde. Die nachfolgende Auswertung der Daten richtet sich nach der Anzahl der abgegebenen Stim-men pro Auswahloption. Den Teilnehmenden stand pro Anlageklasse folg-lich eine Option zur Auswahl. Insgesamt wurden 124 Stimmen abgegeben, was einer Stichprobengrössen von rund 41 pro Anlageklasse gleichsteht. Die Option «steigend/in Planung» wurde insgesamt 55-mal angekreuzt, was 44 % aller abgegebenen Stimmen entspricht. Die Option mit 43 % aller Stim-men, besagt ein unverändertes Investitionsverhalten voraus. Die restlichen Stimmen von rund 13 % können der Option abnehmend zugeordnet werden. Bei der Sortierung der Daten nach Option und Anlageklasse, wurden 47 % aller Stimmen der Option steigend/in Planung für die direkte Immobilien-anlage im Inland zugeordnet. Die restlichen 20 % und 33 % verteilen sich auf die indirekten Anlagen im Inland und Ausland. Summa summarum, wurden leicht mehr Stimmen für indirekte Engagements für die zukünftige Investi-tionsplanung abgegeben als für die direkten Anlagen. Dass neu Investierende bei der Anlageklasse der Direktanlage eintreten, kann ausgeschlossen werden, da alle Teilnehmenden, die diese Option ausgewählt haben, bereits in dieser Anlageklasse investiert sind. Ein Drittel der abgegebenen Stimmen kann in die Gruppe, die evaluieren und eventuell erstmalige Investitionen in Immobiliengefässe im Ausland planen. Der Anteil der Teilnehmenden, welche neu in diese Anlageklasse investieren möchten, ist mit 10 % gering. Nachdem das Investitionsverhalten untersucht wurde, wird nun das künftige Devestitionsverhalten der Teilnehmenden vorgestellt. Bei allen Anlageklas-sen sind Devestitionen geplant. Die indirekten Immobilienanlagen im Inland haben mit 44 % die meisten Stimmen erhalten, danach kommen die Direkt-analgen mit 38 % und zum Schluss die indirekten Anlagen im Ausland mit 19 %. Die Anlageklasse mit den inländischen Immobiliengefässen ist die einzige Klasse, bei welcher der Anteil der Devestitionen der der Investitionen übersteigt. Zusätzlich hat diese Anlageklasse den höchsten Mittelwert von 1.9, bei einer Skala von 1 = steigend/in Planung bis 3 = abnehmend. Die direkten Anlagen im Inland wie auch die indirekten Anlagen im Ausland liegen mit 1.565 und 1.595 beinahe gleich auf. Für die direkten Anlagen wurden insgesamt 46 und für die indirekten (Inland und Ausland) wurden 78 Stimmen abgegeben. Den Vergleich zwischen direkt und indirekt nach abgegebenen Stimmen, zeigt auf, dass mit 57 % ein stärkerer Investitionsfokus bei den direkten Anlagen als bei den indirekten (37 %) liegt. Die Differenz lässt sich im unveränderten Investitionsverhalten erklären. Weder Devestitionen noch Investitionen in den Bereich der indirekten Anlagen planen rund die Hälfte und ca. 13 % aller abgegebenen Stimmen besagen sogar einen Rückgang in diesem Investmentvehikel. Dieses Ergebnis, nach Anlageklassen gruppiert, weist ein gleiches Bild aus. Die Daten aufgebrochen nach Art der Investierenden und lediglich mit dem künftigen Investitionsfokus zeigt, dass alle vier Gruppen in direkte Immobilienanlagen im Inland am meisten investieren. Einziger Unterschied ist, dass die Teilnehmenden der Gruppe Family Offices den stärksten Investitionsdrang in indirekte Immobilienanlagen im Ausland aufweisen. Zukünftig möchten diese, mit 50 % der von ihnen abgegebenen Stimmen, in diese Anlageklasse investieren. Kein Bedarf liegt bei den indirekten Immobilienanlagen im Inland, in welche bis anhin auch nicht investiert wurde. In Anbetracht dessen, liegt der Investitionsfokus zwischen direkten und indirekten Engagements bei 50/50. Die strategische Ausrichtung der Assetallokation sieht auch künftig eine Investition in direkte Investitionen im Inland und indirekt im Ausland vor. Bei den Teilnehmergruppen Pensionskassen und Sammel-/Gemeinschaftsstiftungen sind die Verteilungen der zukünftigen Assetallokation ähnlich. Wobei letztere Gruppe einen starkeren Fokus auf indirekte Immobiliengefässe im Ausland zeigt. Beide Investorengruppen weisen ein Verhältnis von ca. 40/60 der direkten und indirekten Anlageklassen aus. Die Teilnehmergruppe der Pensionskasse ist als einzige, welche Veräusserungen bei allen drei Anlageklassen andenkt. Wobei die indirekten Anlagen im Inland mit 46 % den grössten Anteil von allen Stimmen ausmachen, welche im Zusammenhang mit Devestitionen verteilt wurden. Die indirekten Anlagen im Ausland machen mit 23 % den geringsten Anteil aus, dazwischen befinden sich die direkten Anlagen mit knapp einem Drittel. Nach Anlagevehikel betrachtet, planen die Pensionskassen verstärkt Verkäufe im indirekten Bereich. Sammel-/Gemeinschaftsstiftungen legen hierbei den Fokus vollumfänglich auf die indirekten Anlagen im Inland. Die Family Offices möchten künftig ihre direkt gehaltenen Immobilien in der Schweiz veräussern. Sie sehen kein Bedarf ihre direkt gehaltenen Immobilien im Ausland zu veräussern. Interessanterweise gaben die meisten der indirekt investierten Teilnehmenden an, dass aus ihrer Sicht die direkten Anlagen krisenresistenter sind als indirekte Anlagen. Werden die Anlagevehikel nach Inland und Ausland aufgeteilt, ist grundsätzlich mehr Bewegung im inländischen Markt geplant. Der Investitionsfokus mit 86 % liegt jedoch leicht höher im Ausland als im Inland mit 74 %. Für diese Betrachtung wurden alle Stimmen von den ausländischen respektive inländischen Vehikel zusammengezählt und dabei das Investitions- dem Devestitions-Kriterium gegenübergestellt. Im zweiten Abschnitt werden die Auswertungen künftiger Investitionsstrategien nach Sektor und Region vorgestellt. Die Teilnehmenden der indirekten Immobilienanlagen im Ausland sind spezifisch nach ihrer künftigen Investitionsstrategie gefragt worden. Die Teilnehmenden konnten pro Land oder Region mehrere Nutzungstypen auswählen, aus diesem Grund wird hier von total 298 Stimmen gesprochen. Es stellte sich heraus, dass die Anlegenden künftig überwiegend in Europa investieren möchten. Rund 76 % der Befragten möchten künftig in Europa, 11 % in Asien, 10 % in Nordamerika, 2 % in Russland und 1 % in Südamerika investieren. Aufgrund des starken Fokus auf Europa wurde hier länderspezifisch nachgefragt. Der grösste Anteil, nach der Schweiz, macht Deutschland mit 11 % und Grossbritannien mit 10 % aus. Weitere Länder und Regionen wie Frankreich, Spanien, Italien, Skandinavien, Niederlande/Belgien/Luxemburg, Österreich weisen eine Beteiligung von fünf bis neun Prozent aus. Die Reihenfolge der genannten Länder entspricht der Reihenfolge der Anteilsgrösse. Pro Land oder Region konnten die Teilnehmenden angeben, wie künftig ihre Sektorallokation geplant ist. Zur Auswahl stand der Bürosektor, Einzelhandel und Wohnsektor. Die vierte Komponente sind die Spezialliegenschaften, welche aufgrund ihrer heterogenen Struktur keinem Sektor zugeteilt werden. Die Spezialliegenschaften umfassen nebst Logistik auch Seniorenresidenzen, Freizeitanlagen, Hotellerie und Kongresszentren. Die Schweiz ist mit 12 % am meisten bei den indirekten Immobilienanlagen vertreten und weist mit 47 % aller Stimmen den höchsten Investitionsfokus im Wohnsektor aus. Diese Assetallokation entspricht der künftigen Assetallokation, welche bei den direkt investierten Teilnehmenden nachgefragt wurde. Der Anteil im Bürosektor liegt mit 22 % beinahe gleich auf wie der der Spezialliegenschaften (19 %). Bei der Datenauswertung fiel auf, dass im Ausland eine klare Tendenz zu Bürogebäude herrscht.

5 Diskussion der Forschungsergebnisse

In diesem Kapitel werden die Ergebnisse aus der Datenanalyse interpretiert und bei Bedarf mit der ausgewählten Fachliteratur begründet. Die Interpretation der Ergebnisse sind nach Anlagevehikel gegliedert. Das heisst pro Anlagevehikel werden die Forschungsthemen aufgestellt und erörtert. Die gewonnenen Informationen aus dem Interpretationsteil werden anschliessend zur Beantwortung der formulierten Forschungsfragen zusammengefasst. Im Anschluss werden die Einschränkungen, welche während der Durchführung der Datenanalyse in Erfahrung gebracht wurden, dargelegt. Aus den Forschungsergebnissen und der Auseinandersetzung mit dem Thema leiten sich weiterführende Forschungsmöglichkeiten ab.

5.1 Interpretation der Ergebnisse

Die durchgeführte Umfrage zeigt auf, dass direkte Immobilienanlagen in der Schweiz die beliebteste Anlageklasse innerhalb der Immobiliengruppe sind. Das Interesse ist unabhängig von der Grösse der Vorsorgeeinrichtung. Der Beteiligungsanteil der Direktanlagen ist approximativ kongruent mit dem anteiligen Immobilienkapital aller Anlageklassen. Kleininvestierende weisen dabei einen sehr hohen Anteil des direkten Engagements im Inland aus. Diese Kleinanlegenden haben erfahrungsgemäss oft aus historischen Gründen einen soliden Immobilienbestand. Zu besseren Interpretationsmöglichkeiten ist es von Vorteil, den Akquisitionszeitpunkt von jeder einzelnen Liegenschaft zu kennen. Es wird davon ausgegangen, dass diese Kassen bereits seit geraumer Zeit im Besitz dieser Liegenschaften sind und aufgrund der konjunkturellen Entwicklung der Bestand ständig wuchs. Das Wachstum wird vor allem des niedrigen Zinsniveaus wegen vom Kapitalmarkt getrieben. Der Kapitalmarkt hat auf kleinere Portfolios einen stärkeren Einfluss als auf grössere Portfolios und auf Investierende mit einem aktiven Management. Mit einer aktiven Portfolioverwaltung werden Liegenschaften gekauft und verkauft. Der Wertzuwachs lässt sich auch anhand des Datensatzes darlegen. Der Marktwert reiner Wohnportfolios ist gegenüber dem Vorjahr um 4.63 % gestiegen. Im Jahr 2020 wurde keine Liegenschaften dazugekauft, aber es wurde eine veräussert. Der durchschnittliche Wertezuwachs von 2019 zu 2020 einer Wohnliegenschaft beträgt rund 1.2 Millionen Franken. Dies kann nebst getätigten Objektoptimierungen mittels Sanierung oder Vermietungserfolg auch dem Kapitalmarkt zugeschrieben werden. Eine ähnliche Entwicklung der Marktwerte wird auch in Zukunft erwartet. Dies führt vor allem bei Toplagen zu weiteren Renditekompressionen, da eine steigende Zahlungsbereitschaft auf Seite der Investierenden zu erwarten ist. Widerei warten, wurde in den Wohnportfolios noch keine Veränderung der Wohnflächennachfrage festgestellt. Es konnten weder Wegzüge aufs Land festgehalten werden, noch wurde bei der Wohnungssuche nach mehr Fläche nachgefragt. Gründe hierfür können der generell hohe Verstädterungsgrad in der Schweiz sowie die Jobunsicherheit sein. Eine weitere Komponente ist das tiefe Zinsumfeld, welches einen Wechsel von Miete zu Eigentum attraktiv erscheinen lässt. Ob dieser Wechsel stattgefunden hat, ist jedoch nicht Bestandteil dieser Untersuchung. Es kann davon ausgegangen werden, dass eine Nachfrageveränderung erst in einigen Jahren und je nach Verlauf der Pandemie in den Portfolios spürbar sein wird. Aus Sicht der Teilnehmenden ist die Transparenz des Immobilienmarktes gestiegen, jedoch liegt diese im internationalen Vergleich noch weit zurück. Wird diese mithilfe der Digitalisierung vorangetrieben, verbessert sich künftig auch die Vergleichbarkeit der Liegenschaftsdaten. Folglich erhöht sich der Druck im Transaktionsmarkt, was bei den gewöhnlichen Objekten zur Verschärfung der Konkurrenzsituation führen kann. Deshalb wird im Wohnsektor in zweierlei Hinsicht eine Entwicklung erwartet. Nebst der Transparenz wird auch das Thema Nachhaltigkeit stets wichtiger. In diesem Sinne vereinen sich die Megatrends Digitalisierung und Nachhaltigkeit zu einem weiteren, der Smart City (Smart Buildings/Living). Die Teilnehmenden schenken jedoch dem Megatrend Smart City weniger Beachtung. Ein plausibler Grund könnte sein, dass diese Begrifflichkeit den Teilnehmenden weniger bekannt ist und demzufolge als weniger wichtig eingestuft wurde. Des Weiteren erfordert Smart City eine Konvertierung zur digitalen Welt und dies ist verbunden mit technologischen Innovationen. Technologische Innovationen werden ebenfalls benötigt, um dem Nachhaltigkeitsaspekt gerecht zu werden. Folglich sind die Einschätzungen der Teilnehmenden in diesem Punkt mit der

Erwartungshaltung der Verfasserin dieser Forschungsarbeit stimmig. Auch die Gewerbeobjekte sind einem Wandel der Nutzungsanforderungen ausgesetzt. Vermehrt besteht die Nachfrage nach Co-Working Spaces und nach einem Arbeitsort in einem Ökosystem. Ein Ökosystem dient zur besseren Vernetzung, zur Förderung der Kreativität der einzelnen Mitarbeiter und ist mit nachhaltigen Ressourcen gestaltet und unterhalten. Dieser Wandel im Bürosegment hat bereits vor der Pandemie eingesetzt. Eine noch schnellere Entwicklung in diese Richtung ist künftig zu erwarten. In den Portfolios der Teilnehmenden konnte, im Vergleich zum Vorjahr, bei den Gewerbeobjekten ein Rückgang von rund 3 % festgestellt werden. Die geschilderten Entwicklungen und die Pandemie haben die Befragten möglicherweise dazu bewegt, zwölf ihrer Gewerbeobjekte im Portfolio zu veräussern. Es ist davon auszugehen, dass aufgrund der schwierigen Wirtschaftslage durch die Pandemie und steigender Konkurrenz seitens des Online-Handels, mehrheitlich Liegenschaften aus dem Einzelhandelssektor veräussert wurden. Im Bürosegment wird die Nachfrage-Schere zwischen Toplagen und peripheren Lagen weiter auseinander gehen. Grund dafür könnte der Nachfragerückgang von Büroflächen, einerseits durch die Home-Office-Situation und andererseits wegen möglichen Liquiditätsengpässen der Unternehmungen, sein. Um den Anforderungen der Mieterschaft gerecht zu werden und keine Renditeeinbussen hinnehmen zu müssen, erfordert dies Investitionen in den Bestand. Es hat sich gezeigt, dass die aktuelle Lage die Performance der direkten Immobilienanlagen beeinflusst hat. Die durchschnittlich erzielte Rendite sank gegenüber dem Vorjahr (−0.3 %) und das Renditespektrum hat weiter zugenommen (+2.2 %). Sektoren, wie Hotel oder Einzelhandel, sind stärker von den Lockdown-Auswirkungen betroffen, was sich schliesslich in einer tieferen Rendite niederschlägt, als dies beim Wohnsektor der Fall ist. Der Wohnsektor erwies sich mit einer stabilen Rendite als krisenresistent. Obwohl die Rendite bei den rein gewerblichen Portfolios im Corona-Jahr um 0.4 % abnahm, hat der Marktwert der Gewerbeobjekte im Durchschnitt um 1.31 % an Wert zugenommen. Diese Entwicklung weist darauf hin, dass sich weder die Mietzinsstundungen noch die unsicheren Aussichten im Gewerbesegment in den Bewertungen niedergeschlagen haben. Folglich wird der Markt weiterhin von einer gesunden Nachfrage gestützt. Längerfristig sind Korrekturen bei den Bewertungen zu erwarten, was zu einer Abkühlung der Rendite zur Folge haben wird. In den Zentren und Agglomerationen wird eine Seitwärtsbewegung der Rendite in Aussicht gestellt. Die bereits 2019 beobachtete Aversion gegen periphere Lagen dürfte sich jedoch in

5

leicht höheren Renditeanforderungen widerspiegeln. Diese Erkenntnisse zeichnen sich auch in der zukünftigen Sektorenallokation im Inland ab. Die Teilnehmenden möchten auch in Zukunft in Direktanlagen im Inland investieren. Die Anlageklasse der direkten Immobilienanlagen im Ausland ist aufgrund der geringen Beteiligung nicht in die Untersuchung geflossen. Die Zurückhaltung hat ihre Gründe. Ausländische Direktinvestitionen sind oft mit hohen administrativen Kosten und einem grossen Kontrollaufwand verbunden. Dazu kommt, dass viele Vorsorgeeinrichtungen aufgrund ihres Anlagereglements nicht in ausländische Immobilien investieren dürfen. Dafür bieten sich Immobiliengefässe als Alternativen. Die Studie von Swisscanto konnte über die letzten Jahre ein Attraktivitätszuwachs kollektiver Immobilienanlagen feststellen. Gemäss der Umfrageauswertung hat das direkte Immobilienkapital gegenüber dem indirekten stärker zugenommen. Beide Anlageklassen haben im Verhältnis zum gesamten Anlagekapital jedoch leicht abgenommen. Das direkte Immobilienkapital hat um 0.5 % und das indirekte um 0.2 % abgenommen. Demzufolge decken sich die beiden empirischen Erkenntnisse aus der Pensionskassenstudie und der selbstdurchgeführten Umfrage. Das inländisch investierte Kapital hat um 100 Basispunkte weniger stark zugenommen als das ausländische. Da die meisten Vorsorgeeinrichtungen die maximale Anlagebreite von 30 % noch nicht erreicht haben, werden auch in Zukunft Investitionen in Immobilien direkt und indirekt fliessen. Jedoch tendieren Vorsorgeeinrichtungen vermehrt zu den kollektiven Anlagen im Ausland und dies hauptsächlich aus Diversifikationsgründen. Zusätzlich tendieren Teilnehmende mit einem grösseren Anlagekapital eher zu vermehrten Investitionen im Ausland, da sie gleichzeitig ausreichend Managementressourcen zur Verfügung haben oder das nötige Fachwissen extern einkaufen können. Jedoch widerspricht dies dem eigentlichen Vorteil dieser Anlageklasse für kleinere Anleger, da durch Investitionen in Kollektivanlagen eine breitere Diversifikation und höherer Fungibilität mit geringerem Kapital erreicht werden kann. Der Reiz von ausländischen Kollektivanlagen nimmt, nebst der Diversifikation auch durch die stark gestiegenen Preise der direkten und indirekten Immobilienanlagen in der Schweiz, zu. Die Tendenz vermehrt in ausländische Immobiliengefässe zu investieren, lässt sich mehrheitlich infolge eines geringeren Investitionsvolumen bei indirekten Gefässen erklären. Dieser Substitutionseffekt ist auch in der künftigen strategischen Assetallokation der Teilnehmenden zu erkennen. Die Renditeeinschätzungen fürs 2021 sind über alle Immobilienanlageklassen nahe zu kongruent. Es findet folglich eine Angleichung der

Renditen statt. Zusätzlich sinkt die Standardabweichung und dies vor allem bei den indirekten Anlagen stark. Das heisst, es kommt zu einer Nivellierung der Immobilienmärkte und demzufolge werden Opportunitäten seltener. Eine Ausnahme stellt jedoch Covid-19 dar, da dadurch die Beurteilung der Risiko/Rendite Struktur je nach Sektor erneut einer Überprüfung bedarf. Die Pandemie ist für die Anlegenden jedoch kein Hinderungsgrund für die Anlegenden nicht im Ausland zu investieren. Länder, welche eine stabile Politik und ein verlässliches Gesundheitswesen vorweisen, gewinnen künftig an Attraktivität. Zusätzlich liegt der Investitionsfokus weiterhin auf Wachstumsmärkten wie Asien oder auf Länder mit einer hohen Handelbarkeit wie Nordamerika. Die Immobilienbranche wird aus Sicht der Teilnehmenden in erster Linie von den Megatrends Technologischer Fortschritt, Nachhaltigkeit und Digitalisierung getrieben. Es ist erstaunlich, dass für viele die beiden Themen Globalisierung und Umwandlungssatz in Zukunft nur eine sekundäre Bedeutung haben. Die Entwicklung des Immobilienanlagemarktes ist durch das Auftreten von neuen Marktteilnehmenden aufgrund der Globalisierung geprägt worden. Das hat auch dazu geführt, dass die Immobilie zu einem Asset geworden ist. Damit wird auch eine höhere Transparenz von der Öffentlichkeit und der Investierenden verlangt. Zudem wird der Immobilienmarkt heute viel stärker von den Bedingungen des Kapitalmarktes bestimmt. Das gestiegene Interesse an der Anlageklasse Immobilie konnte bereits seit einigen Jahren am Kapitalmarkt festgestellt werden. Das veränderte Investitionsverhalten der Marktteilnehmenden hat zu einem gestiegenen Angebot an mittelbaren Immobilienanlagestrukturen wie zum Beispiel die Verbriefung (Real Estate Debt) geführt. Während der Datenauswertung und bei der weiteren Verfolgung der Pandemie kam ein weiterer Faktor, welcher künftig bei Immobilieninvestitionen berücksichtig werden sollte, auf: Das politische System des jeweiligen Landes. Staatlich regulierte Mietpreise und neu Eingriff in die Lebensgestaltung und Denkfreiheit haben Auswirkungen auf die Umwelt und Gesellschaft. Dieser Megatrend ist in der Umfrage nicht integriert worden, hat jedoch im Zusammenhang mit Covid-19 eine stärkere Bedeutung erhalten. Die Regulierung der Lebensform der Bevölkerung hat längerfristig auch Einfluss auf die Immobilienbranche. Aktuell konnten noch keine grossen Veränderungen erkannt werden, aber das soziale Gefüge der Gesellschaft wird sich verändern. Die grösste wahrgenommene Veränderung, die von der Regierung auferlegt wurde, ist der Wechsel ins Home-Office. Aus diesem Grunde wird, im Rahmen eines Exkurses, dieser Aspekt kurz erläutert. So kann der Leserschaft die Bedeutung dieses Trends aufgezeigt werden. Das Thema Home-Office zu untersuchen ist sicher sinnvoll, da es verstärkt in den Fokus rücken wird. Im Immobilienmarkt herrscht bekanntermassen die Home Bias, welcher mit der vorliegenden Forschungsarbeit bestätigt werden konnte. Im Zusammenhang mit der Pandemie müssen sich jedoch einige Investierende, auch solche aus der Schweiz, fragen, ob Investitionen in ihrem Heimatland wirklich das Beste sind. Hierzu wird auf den Index zur Covid-19 Widerstandsfähigkeit von Bloomberg hingewiesen, bei dem die Schweiz von total 53 untersuchten Länder den 16. Platz belegt. Die Umfrageergebnisse haben einen starke Investitionsfokus im europäischen Raum aufgezeigt. In Anbetracht, dass 76 % der Teilnehmenden künftig Investitionen in Länder mit einer hohen Stabilität und Verlässlichkeit in Politik und das Gesundheitssystem tätigen, müsste der künftige Investitionsfokus gemäss Bloomberg in Eurasien und Asien liegen. Lediglich sechs europäische Länder sind in den Top 20 des Index zur Covid-19 Widerstandsfähigkeit aufgelistet (Hong, Chang, & Varley, 2021). Daraus lässt sich bereits ein weiteres Forschungsthema hinsichtlich der Home Bias ableiten. Die Portfoliotheorie besagt, dass die Assetallokation auf verschiedene nicht korrelierende Anlageklassen zur Optimierung der Rendite bei gleichem Risiko führen soll (Markowitz, 1952). Dieser Theorie folgen anscheinend die Umfrageteilnehmenden der vorliegenden Arbeit nicht unbedingt. Sie haben zu 89 % ihres investierten Immobilienkapitals in der Schweiz angelegt.

5.2 Beantwortung der Forschungsfragen

Durch die Untersuchung lassen sich neue Erkenntnisse zu Covid-19 in Bezug auf die Immobilie und den Immobilienanlagemarkt eruieren. Die Ergebnisse dieser Forschung knüpfen hauptsächlich an die Untersuchungen zu den Anlegenden (Vorsorgeeinrichtungen), des Immobilienmarktes und der Megatrends im Immobilienmarkt an. Mithilfe der Untersuchungsergebnisse wird auf die formulierten Forschungsfragen eingegangen:

Welche immobilienspezifischen Veränderungen werden aus Sicht der Vorsorgeeinrichtungen am Immobilienmarkt hinsichtlich Covid-19 erkannt?

Seit Beginn der Pandemie im Frühjahr 2020 bis zur Befragung (März 2021) konnten vereinzelte Veränderungen in den Portfolios mit den direkt gehaltenen Immobilien und im Immobilienmarkt selbst festgestellt werden. Die Einflussnahme von Covid-19 auf den Immobilienmarkt ist je nach Nutzungstyp sehr unterschiedlich. Mit Blick auf die Sektoren leidet das Gewerbesegment stärker unter den aktuellen Bedingungen als das Wohnsegment. Aufgrund der Distanzregelungen war die Vermietung für Mietwohnungen kurzfristig erschwert, was bei einigen zu einer leicht höheren Absorptionsdauer führte. Wohnungsbesichtigungen sind jedoch nur gelegentlich in digitaler Form durchgeführt worden. Im Grossen und Ganzen ist der Wohnsektor stabil und vor allem in Zentren mit steigender Lebensqualität und besseren Konnektivität wird dieser von einer gesunden Nachfrage getrieben. Die Hotellerie und Kongresszentren sind dabei die am stärksten und vor allem mehrheitlich negativ betroffenen Branchen. Ihre Widerstandsfähigkeit gegen Covid-19 wird deshalb am geringsten eingeschätzt. Demzufolge wird hier das Leerstandsrisiko künftig zunehmen und die Mietpreise werden senken. Der Logistiksektor dagegen wird vor allem durch den wachsenden Online-Handel gestärkt, wird jedoch nicht zwingend als sehr widerstandsfähig eingestuft. Der Standort eines Objektes hat sich beim Wohn- und Bürobereich erneut als ein wichtiger Nachfragetreiber gezeigt. Grundsätzlich wird bei zentralen Lagen die Mietausfallrate tiefer und das Preisniveau höher eingeschätzt. Die prognostizierte Entwicklung hat zur Folge, dass die Renditekompression an Toplangen weiter zunehmen wird. Durch die anhaltende Corona-Thematik sind Gewerbeflächen weiterhin risikobehafteter. Dies führt dazu, dass der Fokus stärker auf der Sicherstellung des Cashflows gelegt wird. Dies kann einige Eigentümer von Gewerbeliegenschaften zur Überarbeitung ihrer Liegenschaftsstrategien mittels Optimierung ihrer Mieterstruktur oder Umnutzung zwingen. Veränderungen im Bereich der Kollektivanlagen sind vor allem monetärer Natur. Bei den ausländischen Anlagen konnten Abwertungen der Portfolios sowie eine tiefere Ausschüttungsrendite festgestellt werden. Dennoch konnten auch bei diesem Anlagevehikel keine signifikanten Veränderungen in den Portfolios mit Covid-19 in Zusammenhang gebracht werden. In Anbetracht der Rendite findet auch hier bei den Kollektivanlagen eine Kompression statt. Die Standardabweichungen der Renditen sinken vor allem stark bei den indirekten Anlagen, was zu einer Angleichung der Immobilienmärkte führen wird und folglich werden Opportunitäten seltener.

Wie sieht die Immobilien-Assetallokation von Kollektivanlagen und Direktengagements künftig aus?

Angesicht des bereits vorhandenen und ansehnlichen Immobilienbestandes wird sich dieser nicht so schnell ändern. Ebenfalls ein zentrales Kriterium, das gegen indirekte Investitionen spricht, ist die Managementkapazitäten. Für Direktanlagen waren diese ausreichend. Es sprechen aus Sicht der Befragten nicht viele Motive eindeutig gegen Kollektivanlagen. Daraus könnte eine verstärkte Investition in indirekte Anlagen resultieren. Mit ausländischen Anlagen wird vor allem die Risikostreuung mittels geografischer Diversifikation verfolgt. Dadurch können neue Märkte erschlossen werden und diese sind grundsätzlich mit einem geringeren und preiswerteren Aufwand verbunden. Die Attraktivität des einheimischen Marktes, welche vor allem der politischen und gesundheitlichen Stabilität zu verdanken ist, wirkt dem jedoch leicht entgegen. Aus diesem Grund besteht in den Immobilienportfolios auch weiterhin ein ausgeprägter Home Bias. Es besteht dennoch eine Tendenz zu ausländischen Anlagegefässen und dies hauptsächlich zu Lasten der inländischen Gefässe.

Welchen Stellenwert nimmt die Assetklasse Immobilien in der aktuellen Krise für institutionell Investierende ein und wie wird sich diese künftig gestalten?

Der weitere Verlauf sowie zukünftige Auswirkungen von Covid-19 auf den Immobilienmarkt sind unklar. Für weitere Prognosen ist die Kenntnis über die weitere Entwicklung und Dauer der Pandemie notwendig. Bis dato sind die Einflüsse jedoch gering und die Immobilie als solches kann als relativ krisenresistent betrachtet werden. Immobilien sind bekannt für ihre einzigartigen Eigenschaften, welche sie von den anderen Anlageklassen abhebt. Die Immobilie ist nicht nur heterogen gegenüber den anderen Anlageklassen, sondern auch in sich selbst heterogen. Demzufolge ist bei den Immobilienanlagen stets die Investitionsstrategie eines Investmentvehikels zu untersuchen. In Zeiten von Covid-19 zeigten sich bei den Immobiliensektoren unterschiedliche Entwicklungsrichtungen. Es wird jedoch generell und über alle drei Anlageklassen eine Abkühlung der Rendite erwartet. Nichtsdestotrotz bleibt die Immobilie eine wichtige Assetklasse für institutionelle Anleger, zumal die Diversifikation im Depot mit Immobilien gesteigert werden kann. Die wichtigsten Eigenschaften, welche die Immobilie als

Asset hervorheben, sind die geografische und sektorielle Diversifikation, der laufende Cashflow sowie die geringe Korrelation mit dem Aktienmarkt. Dennoch ist zu beachten, dass der Immobilienmarkt heute viel stärker von den Bedingungen des Kapitalmarktes bestimmt wird. Bislang hat Covid-19 eine geringe Auswirkung auf die Anlagestrategie. Die Tendenz bei den grösseren Vorsorgeeinrichtungen, Liegenschaften im Portfolio zu behalten und eher Investitionen im Bestand zu tätigen als weiter zu akquirieren, besagt, dass das Immobilienkapital nicht wesentlich erweitert wird. Der Grund ist, dass der weitere Aufbau der Immobilienanlagen den Anlagenvorschriften der Vorsorgeeinrichtungen und dem Mangel an geeigneten Objekten gegenübersteht. Dennoch ist die Anlagebandbreite von 30 % bei vielen Vorsorgeeinrichtungen noch nicht erreicht, folglich besteht hier die Möglichkeit eines Ausbaus. Zudem ist der Hauptgrund für die anhaltende Dynamik die unterstützende Geldpolitik.

In welche Richtung werden die Megatrends in der Immobilienwirtschaft von Covid-19 beeinflusst und entwickeln sich allenfalls neue Trends?

Die in der Umfrage erwähnten Megatrends weisen unterschiedliche Entwicklungen unter Berücksichtigung der aktuellen Pandemie auf. Der Megatrend Nachhaltigkeit wird bei Investitionsentscheidungen auch künftig bedeutend sein. Aufgrund Covid-19 ist vermehrt über das Thema Nachhaltigkeit gesprochen worden. Der Einfluss von Covid-19 wird jedoch nicht als signifikant betrachtet. Der Megatrend Umwandlungssatz, welcher mit der Demografie in Verbindung steht, hat hinsichtlich Covid-19 eine Veränderung erfahren. Die Einwanderung in die Schweiz ist aufgrund der temporären Grenzschliessungen und Reisebeschränkungen gestoppt worden. Die Zuwanderung ist ein wichtiger Faktor fürs Bevölkerungswachstum der Schweiz. Längerfristig wird sich diese jedoch wieder einpendeln und normalisieren. Die Binnenwanderung dagegen ist bislang nicht betroffen. Diese könnte sich aus wirtschaftlicher Sicht, im Sinne einer steigenden Preissensitivität der Mieterschaft, verändern. Dennoch wird die Attraktivität der Zentren durch die bessere und weiter steigende Konnektivität weiter verbessert. Die Urbanisierung wird weitgehend von der Vernetzung und der Lebensqualität in Städten getrieben. Hierbei fliessen auch die Terminologien Smart City und technologischer Fortschritt mit ein. Vor allem letzteres gekoppelt mit der Digitalisierung wird künftig noch stärker an Bedeutung gewinnen.

Der Wandel hin zur Digitalisierung ist durch die Regelung zu Home-Office beschleunigt worden. Kurzfristig gesehen, hat die Pandemie zu einer Beschleunigung hinsichtlich der Digitalisierung geführt. Die Teilnehmenden haben die Globalisierung als sekundär eingestuft. Die Globalisierung wird jedoch durch die steigende Verflechtung von Immobilien- und Kapitalmarkt weiter an Bedeutung gewinnen. Ein neuer möglicher Megatrend ist die Regulierung. Die eingeführten Regelungen in Bezug auf Home-Office, Reisebeschränkungen und Ladenschliessungen hat den Immobilienmarkt signifikant beeinflusst.

5.3   Limitationen der Studie

Eine geringe Stichprobengrösse erschwert die Datenanalyse und kann zu verzerrten und somit ungültigen Auswertung führen. Die deskriptive Analyse hat aufgezeigt, dass anfänglich nicht alle Variablen normalverteilt oder signifikant waren. Diese teils unzureichende Datenqualität ist auf die geringe Stichprobengrösse zurückzuführen. Je mehr die Analyse in die Tiefe geht, desto geringer wird die Stichprobengrösse. Aus diesem Grund konnten nicht alle Fragen gleichermassen vertieft analysiert werden. Bei einer Stichprobengrösse von 53 Teilnehmenden verringert sich diese bei einer vertieften Analyse stetig. Auf die Anlageklassen heruntergebrochen wurde in Erfahrung gebracht, dass diese teils ungenügend ist. Die Folge ist, dass die Anlageklasse der direkte Immobilienanlagen im Ausland aufgrund der zu geringen Stichprobengrösse (n=4) in der Datenanalyse nicht weiter untersucht werden konnten. Für eine Analyse spielt nebst der Stichprobengrösse auch die Datenqualität eine zentrale Rolle. Bei Umfragen kommt es nicht selten vor, dass einige Fragen nicht beantwortet werden. Fehlende Daten, oft aus unbekannten Gründen, führen zu einem Mangel an Datenqualität. Obwohl einige Fragen als Pflichtfragen gekennzeichnet wurden und folglich ohne eine Antwort nicht übersprungen werden konnten, gab es Teilnehmende, die die Fragen nicht vollständig ausfüllten und dennoch zur nächsten Frage gelangen konnten. Da es sich um eine standardisierte Umfrage handelt, waren die Antwortmöglichkeiten vorgegeben. Obwohl die Teilnehmenden die Möglichkeit hatten ergänzend zu den vorgegebenen Antworten eigene zu erfassen, wurde diese Option nur selten genutzt. Dadurch konnten approximativ wenig zusätzliche, unabhängige Erkenntnisse gewonnen werden. Erfahrungen der Teilnehmenden hätten, hinsichtlich der festgestellten Veränderungen im eigenen Portfolio als auch im Immobilienmarkt, eine Bereicherung für die Analyse sein können. Des Weiteren bietet eine standardisierte Umfrage sehr viel Interpretationsspielraum, welcher in diesem Rahmen nicht nachgefragt werden kann. Vor allem bei den Megatrends wäre eine ergänzende Erläuterung zu ihren Einschätzungen für Interpretationszwecke von Vorteil gewesen. In diesem Zusammenhang hätte eine qualitative Forschung als Ergänzung optimal dienen können. In diesem Rahmen hätten die Teilnehmenden auch die Möglichkeit, ihnen unbekannte oder unverständliche Begriffe zu erkundigen.

Ein weiterer Faktor, welcher die Ergebnisse beeinflusst hat, sind die Teilnehmenden selbst. Aufgrund ihrer Professionalität wird angenommen, dass sie zu der jeweiligen Anlageklasse stärker tendieren und nicht unvoreingenommen sind, was jedoch nicht widerlegt werden kann. Um möglichst ein gutes Bild über die Ansichten der Teilnehmenden zu Covid-19 und dem Immobilienmarkt gewinnen zu können, standen viele Antwortmöglichkeiten zur Auswahl. Dies führt zu einer hohen Anzahl von Variablen und forderte die Datenbereinigung wie auch die Datenanalyse heraus. In der Umfrage wurde mit verschiedenen Fragetypen gearbeitet. Das hat zur Folge, dass unterschiedliche Eigenschaften der Daten vorhanden sind. Für die deskriptive wie auch für die Regressionsanalyse werden metrische Daten benötigt. Bei ordinalen und nominalen Daten gibt es keinen Wert an sich, sondern eine Bewertung. Demzufolge ist eine Lösungsfindung für diese Art von Daten aufwändiger als die Arbeit mit metrischen Daten. Dennoch konnten mittels Anwendung der Grounded Theorie solche Variablen innerhalb einer Fragestellung übersichtlicher gestaltet und besser ausgewertet werden. Mit der Gruppierung der Variablen nach Themen konnten zusammenhängende Variablen einfacher erkannt werden.

Bei der quantitativen Analyse half im ersten Schritt die deskriptive Statistik den grossen Datensatz verständlich abzubilden. Aufbauend zur deskriptiven Statistik konnte mittels der Korrelations- und Regressionsanalysen, kausale Zusammenhänge gebildet werden. Für eine empirische Forschung ist eine vollständige und grosse Stichprobe sehr wichtig. Eine grössere Präzision und ein grösseres Vertrauen in die erhaltenen Ergebnisse sind das Resultat. Zusätzlich zur Datenqualität spielt die korrekte Anwendung von statistischen Verfahren eine ebenso zentrale Rolle. Mithilfe der Umfrage konnte dennoch ein wertvoller Überblick über die Einschätzungen der Teilnehmenden zu

5

Covid-19 und dem Immobilienmarkt gewonnen werden. Diese Arbeit fokussiert sich auf die ausgewählten immobilienspezifischen Faktoren. Es würde den Rahmen dieser Arbeit sprengen, wenn alle Faktoren, welche den Immobilienmarkt beeinflussen, berücksichtig worden wären. Eine Limitation ist zudem wichtig, um einen höheren Vertiefungsgrad der Forschungsarbeit zu erreichen. Es wäre sehr interessant, weitere Themen wie die Einschränkung des Anlagereglements oder die Gegenüberstellung der anderen Anlageklassen, welche im Wettbewerb der Immobilienanlage stehen, zu untersuchen. Weiteren Forschungsbedarf ergibt sich aus makroökonomischer Sicht durch die Globalisierung. Die gesteigerte Einflussnahme des Kapitalmarktes auf den Immobilienmarkt wird künftig noch stärker in die Investitionsentscheidungen einfliessen. Weiterführende Forschungen könnten die geschilderten Themen aus einer neuen Perspektive betrachten und neue Resultate liefern.

6 Schlussfolgerung und Ausblick

Anhand der Antworten von total 53 Teilnehmenden wie Vorsorgeeinrichtungen, Family Offices und Anlagestiftungen/Fondsgesellschaften wird ein Bild aus Sicht von institutionell Investierenden gewonnen. Das Gesamtanlagekapital aller Befragten umfasst 2020 ein Volumen von rund 270 Milliarden Franken. Das investierte Immobilienkapital hat gegenüber dem Vorjahr um knapp 6 % und das Gesamtanlagekapital aller Teilnehmenden um knapp 9 % zugenommen. Im Durchschnitt haben die Teilnehmenden rund 25 % ihres Gesamtanlagekapitals in Immobilien investiert. In dieser Umfrage sind mehrheitlich Schweizer Vorsorgeeinrichtungen mit einer starken Tendenz zu inländisch und direkt investiertem Immobilienkapital vertreten. Vereinzelt sind auch Investitionen im Ausland getätigt worden. Die Investitionsbeteiligung an direkte Immobilien im Ausland ist aufgrund der geringen Stichprobengrösse (n=4) nicht in die Datenanalyse eingeflossen. Das besagte Volumen der Anlagevehikel umfasst rund 50 Milliarden Franken für Direktanlagen (nur Inland) und rund 16 Milliarden Franken bei den Kollektivanlagen (In- und Ausland).

Grundsätzlich kann festgehalten werden, dass die Pandemie in der kurzen Betrachtungsperiode keine grossen Auswirkungen auf die Anlagestrategien der Vorsorgeeinrichtungen genommen hat. Bei den direkten Anlagen in der Schweiz leidet der Gewerbesektor, insbesonders der Einzelhandel, Kongresszentren und die Hotellerie, am stärksten unter den aktuellen Bedingungen. Für diese Branchen werden die Folgen noch langfristig spürbar sein und folglich wird eine weitere Akzentuierung erwartet. Beim Wohnsegment wird sogar eine weitere Renditekompression vorausgesagt. In der Betrachtungsperiode konnten keine signifikanten Veränderungen hinsichtlich des Wohnflächenbedarfs festgestellt werden. Grundsätzlich bleiben die Wirtschafts- und Ballungszentren für Investierende und Mietende weiterhin attraktiv. Nebst dem wirtschaftlichen Abschwung erhöhen die Nutzungs-

© Der/die Autor(en), exklusiv lizenziert durch Springer Fachmedien Wiesbaden GmbH, ein Teil von Springer Nature 2022
D. K. Sterchi et al., *Institutionelle Immobilieninvestments in Zeiten von Covid-19*, https://doi.org/10.1007/978-3-658-37003-9_6

anforderungen im Wohn- und Bürobereich den Druck auf die Eigentümer-schaft. Bei den Vorsorgeeinrichtungen liegt vor allem die Sicherung der Rente und bei den anderen Teilnehmergruppen die Gewinnoptimierung an oberster Stelle. In diesem Zusammenhang haben sich vor allem die direk-ten Immobilienanlagen mit einem hohen Wohn- oder Logistikanteil in der Schweiz als krisenresistent erwiesen. Bei den Kollektivanlagen kommt es aufgrund von Covid-19 zu Bewertungskorrekturen im Sinne von Abwer-tungen und einer tieferen Ausschüttungsrendite in den Portfolios. Diese Veränderungen werden häufiger bei den ausländischen Anlagen festgestellt. Die Investmentstrategie wird verstärkt auf die Erschliessung neuer Märkte im Ausland gelegt. Voraussetzung ist eine angemessene Risiko/Rendite-Struktur und eine einfache Implementierung des Kontrollmanagements. Die Pandemie hindert die Investierenden nicht in ausländische Märkte einzu-treten oder weiterhin in diese zu investieren. Dennoch wird bei der Auswahl von ausländischen Kollektivanlagen auf die Sektor- und Länderallokation geachtet. Hier stehen die Sektoren Büro und Wohnen klar im Fokus. Bei der Länderwahl spielen vor allem Kriterien wie die Wachstumsperspektive, politische und gesundheitliche Stabilität eines Landes sowie die Handelbar-keit im Markt eine zentrale Rolle. In Zukunft wird der Fokus der Befragten weiterhin auf direkte Immobilienanlagen gerichtet sein. Ein weiterer Ausbau der inländischen Kollektivanlagen wird nicht erwartet. Vielmehr kommt es zu einem Substitutionseffekt durch ausländische Kollektivanlagen. Das Devestitionsverhalten der Teilnehmenden ist generell eher zurückhaltend. Abschliessend ist festzuhalten, dass weder bei den direkten noch bei den indirekten Anlagen eine Tendenz zur Core-Investmentstrategie zu erwarten ist. Zudem gibt es kein ausschlaggebender pandemiebedingter Faktor bei den Befragten. Folglich hat, auf kurze Sicht, Covid-19 keine grossen Auswir-kungen weder auf den Immobilienmarkt noch auf die Investitionsstrategie der Befragten gehabt.

In Anbetracht der untersuchten Megatrends stellte sich heraus, dass die Teilnehmenden klar den Fokus auf Nachhaltigkeit, Digitalisierung und technologischen Fortschritt legen. Dagegen werden die Themen wie Smart City, Umwandlungssatz und Globalisierung als weniger wichtig eingestuft. Die Auseinandersetzung mit den Megatrends hat jedoch gezeigt, dass eine Inkongruenz zwischen den Befragten und der Forschungen in Bezug auf die Globalisierung herrscht. Durch die Pandemie kam es zu einer Be-schleunigung der Veränderungsdynamiken der Megatrends Nachhaltigkeit, technologischer Fortschritt und Digitalisierung. Dagegen fand durch die Distanzregelung und Reisebeschränkungen eine Entschleunigung der Globalisierung statt. Die globale Vernetzung wird längerfristig jedoch wieder an Antrieb gewinnen und folglich auch in Zukunft den Kapital- und Immobilienmarkt wesentlich prägen. Aus diesem Grund sollten die Befragten die Bedeutung der Globalisierung nicht unterschätzen. Vielmehr sollten sie ihren Fokus auf die weitere Verflechtung des Kapital- und Immobilienmarktes richten. Des weiteren hat der wirtschaftliche Abschwung gezeigt, welchen Einfluss die Regierung mit ihren Regelungen auf die Wirtschaft und somit auch auf den Immobilienmarkt nehmen kann. Die Regierung hat unter anderem mit der Home-Office-Pflicht und der Schliessung von Geschäften eine führende Rolle in dieser Pandemie eingenommen. Es wird davon ausgegangen, dass bei gleichartigen Ereignissen die Regierung eine ähnliche Stellung einnehmen wird. Die politische Struktur eines Landes oder einer Region wird künftig wichtiger. Aus diesem Grund wird diese Komponente auch als Megatrend betrachtet und sollte bei strategischen Anlageentscheidungen einbezogen werden. Auf lange Sicht gesehen, sollten Megatrends generell bei strategischen Entscheidungen mitberücksichtigt werden. Die Untersuchung hat zudem gezeigt, dass das Verständnis der Megatrends nicht kongruent ist. Das Wissen und die Bedeutung der Nachhaltigkeit und Digitalisierung sind vorhanden, nicht aber die anderen Themen. Um eine rentable und nachhaltige Anlagestrategie aufzustellen, könnte eine strategische Beratung mit Einbezug von diversen Forschungsgruppen zu den Themen Smart City, Globalisierung und Regierung zielführend sein.

6

Literaturverzeichnis

ABEGGLEN, S., & BIANCHI, L. (2017). *Regulierung indirekter Immobilienanlagen.*

AHV/IV-SOZIALVERSICHERUNG. (ohne Datum). *Berufliche Vorsorge (BV).* Abgerufen am 26. April 2021 von https://www.ahv-iv.ch/de/Sozialversicherungen/Weitere-Sozialversicherungen/Berufliche-Vorsorge-BV

ASIP. (ohne Datum). *Schweizerischer Pensionskassenverband.* Abgerufen am 11. April 2021 von https://www.asip.ch/de/wissen/vorsorgesystem/

BFS. (ohne Datum). *Bundesamt für Statistik.* Abgerufen am 22. Dezember 2020 von https://www.bfs.admin.ch/bfs/de/home/statistiken/soziale-sicherheit/berufliche-vorsorge/einrichtungen-versicherte.assetdetail.15024848.html

BREUER, F. (2009). Reflexive Grounded Theory. In F. Breuer, *Eine Einführung für die Forschungspraxis* (S. 69–93). Wiesbaden: VS.

BÜHNER, M. (2011). Einführung in die Test- und Fragenbogenkonstruktion. Berlin: Pearson Deutschland GmbH.

BUNDESAMT FÜR STATISTIK. (27. August 2020). *Bevölkerung.* Abgerufen am 14. März 2021 von https://www.bfs.admin.ch/bfs/de/home/statistiken/bevoelkerung/stand-entwicklung/bevoelkerung.assetdetail.13707405.html

BUNDESAMT FÜR UMWELT & POM+. (2014). *Die volkswirtschaftliche Bedeutung der Immobilienwirtschaft der Schweiz.* Bern: Promacx AG.

BVV 2. (1. Januar 2019). Verordnung über die berufliche Alters- Hinterlassenen- und Invalidenvorsroge. Schweiz.

CREDIT SUISSE (a). (2017). Charakteristika unterschiedlicher Risikostrategien.

CREDIT SUISSE (b). (2020). *Covid-19 verstärkt Trends auf dem Immobilienmarkt.* Zürich.

CREDIT SUISSE (c). (2019). *Pensionskassenstudie 2019.* Abgerufen am 18.Februar 2021 von https://www.credit-suisse.com/about-us-news/de/articles/media-releases/credit-suisse-pension-fund-study-2019--pensions-to-fall-sharply--201910.html

CREDIT SUISSE (d). (2020). *Schweizer Immobilienmarkt.* Abgerufen am 08. Januar 2021 von https://www.credit-suisse.com/ch/de/articles/private-banking/schweizer-immobilienmarkt-aktuelle-fakten-201911.html

CREDIT SUISSE (e). (2019). *Lage, Lage, Grundriss - Schweizer Immobilienmarkt.* Zürich: gdz AG.

CREDIT SUISSE (f). (2019). *Sustainable Investing. Ganzheitlicher Ansatz zur Integration von ESG-Kriterien.* Zürich: Credit Suisse.

EIDGENÖSSISCHES DEPARTEMENT FÜR AUSWÄRTIGE ANGELEGENHEITEN. (ohne Datum). *EDA.* Abgerufen am 18. März 2021 von https://www.eda.admin.ch/aboutswitzerland/de/home/gesellschaft/bevoelkerung/stadt-und-land.html

EY. (April 2020). *Ernst & Young Real Estate.* Von Der Schweizer Immobilienmarkt spürt die Auswirkungen einer Pandemie: https://assets.ey.com/content/dam/ey-sites/ey-com/en_ch/news/2021/01/ey-immobilien-barometer-2021.pdf?download abgerufen

FINANZ UND WIRTSCHAFT. (ohne Datum). Abgerufen am 12. Februar 2021 von https://www.fuw.ch/term/institutionelle-anleger/

FINEWS. (04. August 2020). *Immobilienanlagen in Zeiten von Covid-19.* Abgerufen am 12. April 2021 von https://www.finews.ch/service/advertorials/42364-credit-suisse-asset-management-csam-immobilien-anlagen-covid-19-corona-buero-eigenheim-wohneigentum

FISCHER, T. (29. März 2019). *Baumann & Cie Banquiers.* Abgerufen am 27. Mai 2021 von https://www.baumann-banquiers.ch/de/publikationen/blog/artikel/direkte_und_indirekte_immobilieninvestitionen.php

HONG, J., CHANG, R., & VARLEY, K. (ohne Datum). *Bloomberg.* Abgerufen am 23. Mai 2021 von https://www.bloomberg.com/graphics/covid-resilience-ranking/

INVESTOPEDIA. (ohne Datum). *Prudent Investor Rule.* Abgerufen am 21. Februar 2021 von https://www.investopedia.com/terms/p/prudent-investor-rule.asp

JONES LANG LASALLE (a). (September 2020). Auswirkungen von Covid-19 auf die Nutzer von Büroflächen. Schweiz. Abgerufen am 12. Oktober 2020 von https://media-expl.licdn.com/dms/document/C4D1FAQER9vm2hk0_Ng/feedshare-document-pdf-ana-lyzed/0/1601559155184?e=1608224400&v=beta&t=pf 8jPClzMeWzMD-wU ug82t9S1_zaZdlfVUkrnSNqkq4

JONES LANG LASALLE (b). (2020). *Büromarkt Schweiz 2021.* Zürich.

KATHRIN, E. (6. August 2020). *HEV Schweiz.* Abgerufen am 12. September 2020 von https://www.hev-schweiz.ch/news/detail/News/welchen-einfluss-hat-corona-auf-den-immobilienmarkt/

KOHLER, F. (September 2019). Introduction & Research Design. Rotkreuz, Zug, Schweiz.

KUNKEL, O., & SKAANES, S. (12. Juni 2016). *Analyse der Volatilitäten und der Zinsrisikoeigenschaften bei Immobilien-Direktanlagen.* Von Swiss Real Estate Journal: https://www.ppcmetrics.ch/files/publications/files/2016_06_Swiss_Real_Estate_Journal_OK_SKS.pdf abgerufen

KURZROCK, B.-M. (2015). In *Einflussfaktoren auf die Performance von Immobilien-Direktanlagen* (S. 17–24). Wiesbaden: Springer Gabler.

KURZROCK, B.-M. (2017). In *Immobilienmarkt und Kapitalmarkt* (S. 616–619). Wiesbaden: Springer Gabler.

MARKOWITZ, H. M. (1952). Portfolio Selection. *Journal of Finance*, 77–91.

MSCI. (November 2020). *Real Estate Research Snapshot.* Von https://support.msci .com/documents/10199/0233d201-b-fd2f-26de-5cc92dbd0a12 abgerufen

N. BLOOM, J. L. (2015). Does Working from Home Work? Evidence from a Chinese Experiment. The Quarterly Journal of Economics.

OAK. (2020). *Oberaufsichtskommission Berufliche Vorsorge (OAK).* Abgerufen am 11. November 2020 von https://www.newsd.admin.ch/newsd/message/attachments/ 66512.pdf

ORAWA, D. C. (2015). *Typische Fehler bei der Datenanalyse /Datenauswertung.*

PLÖSSL, F., & PROF. DR. JUST, T. (2020). *Megatrends der Immobilienwirtschaft.* Regensburg.

POHL, A., & DR. VORNHOLZ, G. (2010). Immobilien-Investmentmarkt: Nach dem Boom ist vor dem Boom? In A. Pohl, & G. Dr. Vornholz, *Global Markets Real Estate.* Hannover.

PPCMETRICS AG. (Oktober 2014). Änderung der BVV 2 Anlagevorschriften – Überblick über Interpretation und Auswirkungen. Zürich.

PRICEWATERHOUSECOOPERS (a). (2020). *PwC-Immoperspektive.* Zürich.

PRICEWATERHOUSECOOPERS (b). (2020). *Real Estate 2020 - Building the future.*

QUANTITATIVE METHODEN. (2006). In B. Rasch, & M. Friese, *Einführung in die Statistik* (S. 1–27). Heidelberg: Springer.

RADKE, H.-D. (2006). Statistik mit Excel. In *Für Praktiker: Statistiken aufbereiten und präsentieren* (S. 220–225). München: Martk + Technik.

RAITHEL, J. (2008). Quantitative Forschung. In S. Laux, *Ein Praxiskurs* (S. 25–67). Wiesbaden: VS Verlag für Sozialwissenschaften.

REALTY MOGUL. (ohne Datum). *20 famous real estate investing quotes.* Abgerufen am 14. November 2020 von https://www.realtymogul.com/knowledge-center/article/ 20-famous-real-estate-investing-quotes

RICS. (2019). *Valuation of development property.* London: RICS.

SAHEB, A. (14. August 2019). *Neue Züricher Zeitung online.* Abgerufen am 26. Oktober 2020 von https://www.nzz.ch/finanzen/wer-dem-tiefzins-entkommen-will-muss -hoehere-risiken-eingehen-ld.1501647

SCHÖPFER, K., & SIGG, R. (12. Januar 2020). *Smart Building als Herausforderung für Investoren.* Abgerufen am 20. Januar 2021 von https://hub.hslu.ch/immobilienblog/ 2020/01/12/smart-building-als-herausforderung-fuer-investoren/

SCHWEIZERISCHE BANKENVEREINIGUNG. (2017). *Der 3. Beitragszahler der beruflichen Vorsorge - Impulse zur Optimierung.* Basel.

SECO. (ohne Datum). *Staatssekretariat für Wirtschaft.* Abgerufen am 12. Mai 2021 von https://www.seco.admin.ch/seco/de/home/wirtschaftslage---wirtschaftspolitik/Wirtschaftslage/bip-quartalsschaetzungen-.html

SIX. (ohne Datum). *SXI Swiss Real Estate.* Abgerufen am 22. März 2021 von https://www.six-group.com/exchanges/downloads/indexdata/hschre.csv

SNB. (ohne Datum). *Schweizerische National Bank.* Abgerufen am 05. Janaur 2021 von https://www.snb.ch/de/iabout/stat/statrep/id/current_interest_exchange_rates#t2

SWISS SUSTAINABLE FINANCE. (Juni 2020). *Swiss Sustainable Investment Market Study 2020.* Abgerufen am 12. Februar. 2021 von https://www.sustainablefinance.ch/upload/cms/user/2020_06_08_SSF_Swiss_Sustainable_Investment_Market_Study_2020_E_final_Screen.pdf

SWISSCANTO VORSORGE AG. (2020). *Schweizer Pensionskassenstudie.* Zürich.

UNIVERSITÄT ZÜRICH. (11. September 2014). Abgerufen am 26. Oktober 2020 von https://www.isek.uzh.ch/dam/jcr:ffffffff-8c87-0af0-0000-000000598395/LeitfadenMethoden_QuantitativeDatenanalyse.pdf

UNIVERSITÄT ZÜRICH. (April 2021). *Methodenberatung.* Abgerufen am 26. Oktober 2020 von https://www.methodenberatung.uzh.ch/de/datenanalyse_spss/zusammenhaenge/ereg.html#3.3._Pr%C3%BCfen_der_Voraussetzungen

VORNHOLZ, P. D. (2013). *Volkswirtschaftslehre für die Immobilienwirtschaft.* München: Oldenbourg.

WENDKOUNI, S. E. (2018). Leitfaden/Hinweise zur Anfertigung einer wissenschaftlichen Arbeit auf dem Gebiet der Berufsbildung. Dresden. Von https://tu-dresden.de/gsw/ew/ibbd/mmt-et/ressourcen/dateien/studium/studienmaterial/20.6.08_Entwurf_Hinweise_wiss._Arbeit.pdf?lang=de abgerufen

WIKTORIN, A. (11. September 2018). Investmentchance Value-Add.

WÜEST PARTNER & BUNDESAMT FÜR UMWELT. (2015). *Institutionelle Investoren Schweiz: Customer Journey.* Zürich.

ZUKUNFTSINSTITUT. (ohne Datum). Abgerufen am 28. Mai 2021 von https://www.zukunftsinstitut.de/dossier/megatrends/

Anhang

Anhang 1: Fragebogen in Deutsch

Teil A – Einordnung des Unternehmens

1. **Zu welchem Kreis institutioneller Investoren gehören Sie (mehrere Antworten möglich)?**

   (1) Pensionskasse ☐
   (2) Sammel- /Gemeinschaftsstiftung ☐
   (3) Versicherungsgesellschaft / Lebensversicherungsgesellschaft ☐
   (4) Rückversicherungsgesellschaft ☐
   (5) (Konzerninternes) Immobilien-Dienstleistungsunternehmen ☐
   (6) Gemeinnützige Stiftung ☐
   (7) Family Office ☐
   (8) Anlagestiftung / Fondsgesellschaft ☐
   (9) Sonstige: _____ ☐

2. **Wie hoch war der Wert der <u>gesamten Kapitalanlagen</u> Ihres Unternehmens bzw. Ihrer Gruppe zum Ende des Jahres 2019 und zum Ende des Jahres 2020?**

   Bitte geben Sie Buchwerte UND / ODER Verkehrswerte an (ggf. Antwortfelder freilassen).

	Buchwert	Verkehrswert
• Ende 2019 (in Mio. CHF)		
• Ende 2020 (in Mio. CHF)		

3. **Wie hoch war das <u>gesamte Immobilienanlagevermögen</u> (direkte und indirekte Investitionen in Immobilien) Ihres Unternehmens bzw. Ihrer Gruppe zum Ende des Jahres 2019 und zum Ende das Jahres 2020?**

   Bitte geben Sie Buchwerte UND / ODER Verkehrswerte an (ggf. Antwortfelder freilassen).

	Buchwert	Verkehrswert
• Ende 2019 (in Mio. CHF)		
• Ende 2020 (in Mio. CHF)		

4. **Wie erfolgen gegenwärtig die Investitionen in Immobilien Ihres Unternehmens bzw. Ihrer Gruppe (Bezug investiertes Anlagevermögen) und welche Erwartungen haben Sie für die Entwicklung in Zukunft (Bezug: Verkehrswerte 2020)?**

Immobilieninvestitionen	Investment (in % des Anlagevermögens)	steigend / in Planung	gleichbleibend	abnehmend
(1) **Direkte** Immobilieninvestitionen im **Inland**		☐	☐	☐
(2) **Indirekte** Immobilieninvestitionen im **Inland**		☐	☐	☐
(3) **Direkte** Immobilieninvestitionen im **Ausland**		☐	☐	☐
(4) **Indirekte** Immobilieninvestitionen im **Ausland**		☐	☐	☐

© Der/die Autor(en), exklusiv lizenziert durch Springer Fachmedien Wiesbaden GmbH, ein Teil von Springer Nature 2022
D. K. Sterchi et al., *Institutionelle Immobilieninvestments in Zeiten von Covid-19*, https://doi.org/10.1007/978-3-658-37003-9

Teil B – Direkte Immobilienanlagen

> **Sofern Sie keine Investitionen in direkte Immobilienanlagen getätigt haben oder zukünftig planen, fahren Sie bitte mit Teil C fort.**

5. Wie hoch ist Ihre durchschnittlich tatsächlich erzielte Rendite («Total Return») bei direkten Immobilienanlagen im Inland? Bitte geben Sie ggf. Bandbreiten an.

Erzielte Rendite im Inland	Tatsächliche Rendite in %
(1) Total Return in Prozent in **2019**	_____
(2) Total Return in Prozent in **2020**	_____
(3) Total Return in Prozent in **2021, erwartet**	_____

6. Welche Tätigkeiten im Rahmen Ihrer direkten Immobilienanlage werden gegenwärtig intern, welche extern und welche in Kooperation mit Partnern erbracht (Mehrfachantworten möglich)?

	interne Leistungserbringung durch den Immobilienbereich	interne Leistungserbringung durch anderen internen Bereich	Leistungserbringung in Kooperation mit externen Partner(n)	Leistungserbringung durch externe(n) Partner
Strategieentwicklung im REAM				
(1) Entwicklung Investmentstrategie	☐	☐	☐	☐
(2) Portfolioanalyse und -steuerung	☐	☐	☐	☐
(3) Objektplanung und -steuerung	☐	☐	☐	☐
(4) Strukturierung der Investition (u.a. Besteuerung / Finanzierung)	☐	☐	☐	☐
Transaktionsmanagement				
(5) Vorbereitung von (Des-) Investitionsentscheidungen	☐	☐	☐	☐
(6) Durchführung von (Des-) Investitionsentscheidungen	☐	☐	☐	☐
Steuerung des Bestandes				
(7) Treuhänderische Eigentümervertretung	☐	☐	☐	☐
(8) Betriebskostenoptimierung	☐	☐	☐	☐
(9) Mietvertragsmanagement / Flächenmanagement	☐	☐	☐	☐
(10) Steuerung externer Dienstleister	☐	☐	☐	☐
(11) Initiierung / Steuerung von Baumassnahmen / Projektentwicklungen	☐	☐	☐	☐
(12) Datenqualitätspflege / Pflege der Datenfelder	☐	☐	☐	☐
(13) Durchführung von Analysen (u.a. Markt- / Standort, Potenzial)	☐	☐	☐	☐
Reporting / Controlling				
(14) Reporting Objektebene	☐	☐	☐	☐
(15) Reporting Portfolioebene	☐	☐	☐	☐

7. Welche Kriterien sind bzw. wären für Sie bei der Auswahl eines externen Real Estate Asset Managers (REAM) von Bedeutung? Bitte gewichten Sie diese nach der Wichtigkeit.

	sehr wichtig	wichtig	unwichtig	sehr unwichtig	keine Meinung / unsicher
(1) Erfahrung des REAM / Track Record	☐	☐	☐	☐	☐
(2) Anzahl bzw. Art sonstiger Mandate des REAM	☐	☐	☐	☐	☐
(3) Assets under Management	☐	☐	☐	☐	☐
(4) Kosten des REAM	☐	☐	☐	☐	☐
(5) Vergütungsstruktur (bspw. performanceabhängige Bezahlung)	☐	☐	☐	☐	☐
(6) Image / Reputation des REAM	☐	☐	☐	☐	☐
(7) Geographische Präsenz des REAM	☐	☐	☐	☐	☐
(8) Entfernung der organ. Einheit zum REAM	☐	☐	☐	☐	☐
(9) Eigenkapitalbeteiligung des REAM am Bestand	☐	☐	☐	☐	☐
(10) Vertragslaufzeit	☐	☐	☐	☐	☐
(11) Implementierung der Vertragsbestandteile in einzelne Mitarbeiterverträge	☐	☐	☐	☐	☐
(12) Corporate Governance / rechtliche Strukturen des REAM	☐	☐	☐	☐	☐
(13) Hohe Flexibilität und schnelle Reaktion auf div. Marktgeschehnisse	☐	☐	☐	☐	☐
(14) Sonstige:_____	☐	☐	☐	☐	☐

8. Welche Gründe und Motive sprechen gegen indirekte Investitionen?

		trifft zu	trifft tw. zu	trifft tw. nicht zu	trifft nicht zu	keine Meinung / unsicher
(1)	Unternehmensinterne Restriktionen	☐	☐	☐	☐	☐
(2)	Direkter Immobilienbestand vorhanden / Historie des Portfolios	☐	☐	☐	☐	☐
(3)	Kosten bei der Auswahl eines Produktes	☐	☐	☐	☐	☐
(4)	Kosten- und Kontrollaufwand während der Investition in ein Gefäss	☐	☐	☐	☐	☐
(5)	Mangelnde Erfahrung / keine Gelegenheit	☐	☐	☐	☐	☐
(6)	Risiko- / Return-Struktur	☐	☐	☐	☐	☐
(7)	Managementkapazitäten für Direktanlage vorhanden	☐	☐	☐	☐	☐
(8)	Kein Bedarf / bisherige Investitionsstruktur zielführend	☐	☐	☐	☐	☐
(9)	„Angst" vor falscher Produktauswahl / Komplexität	☐	☐	☐	☐	☐
(10)	Sonstige: _____	☐	☐	☐	☐	☐

9. Bitte geben Sie an, ob Sie derzeit in den folgenden Immobilientypen investiert sind und wie sich Investitionen bei den jeweiligen Immobilientypen zukünftig entwickeln werden.

Immobilieninvestitionen	derzeit investiert	Investitionen geplant	Keine Transaktionen geplant	Desinvestitionen geplant
(1) Wohnen (Ballungszentren)	☐	☐	☐	☐
(2) Wohnen (periphere Lagen)	☐	☐	☐	☐
(3) Büro (Innenstadt)	☐	☐	☐	☐
(4) Büro (periphere Lagen)	☐	☐	☐	☐
(5) Detailhandel (Innenstadt)	☐	☐	☐	☐
(6) Detailhandel (periphere Lagen)	☐	☐	☐	☐
(7) Logistik	☐	☐	☐	☐
(8) Projektentwicklungen (jegliche Nutzungsarten)	☐	☐	☐	☐
(9) Wohnen im Alter / Gesundheitssektor	☐	☐	☐	☐
(10) Hotel / Kongresszentren	☐	☐	☐	☐

10. Bitte geben Sie an, wie Ihr Immobilienportfolio in den Jahren 2019 und 2020 zusammengestellt war resp. ist.

	Verkehrswert in Mio. CHF	Anzahl Liegenschaften
Investitionen in **Wohnliegenschaften** (Wohnanteil > 50%)		
• 2019	___	___
• 2020	___	___
Investitionen in **Gewerbeliegenschaften** (Gewerbeanteil > 50%)		
• 2019	___	___
• 2020	___	___

11. Wie hoch ist Ihr durchschnittlicher Mietausfall durch COVID-19 bei Ihren Immobilieninvestments im Inland in Prozent (Bezug: Jahr 2020) und wie wird sich dieser in den nächsten 3 Jahren entwickeln? Bitte geben Sie ggf. Bandbreiten an.

	Mietausfall in %	steigend	unverändert	sinkend
(1) Wohnen (Ballungszentren)		☐	☐	☐
(2) Wohnen (periphere Lagen)		☐	☐	☐
(3) Büro (Innenstadt)		☐	☐	☐
(4) Büro (periphere Lagen)		☐	☐	☐
(5) Detailhandel (Innenstadt)		☐	☐	☐
(6) Detailhandel (periphere Lagen)		☐	☐	☐
(7) Logistik		☐	☐	☐
(8) Projektentwicklungen (jegliche Nutzungsarten)		☐	☐	☐
(9) Wohnen im Alter / Gesundheitssektor		☐	☐	☐
(10) Hotel / Kongresszentren		☐	☐	☐

12. Welche Erwartungen haben Sie bezüglich der <u>Kaufpreisentwicklung</u> der folgenden Anlageklassen in den nächsten 3 Jahren?

Immobilieninvestitionen	steigend	unverändert	sinkend
(1) Wohnen (Ballungszentren)	☐	☐	☐
(2) Wohnen (periphere Lagen)	☐	☐	☐
(3) Büro (Innenstadt)	☐	☐	☐
(4) Büro (periphere Lagen)	☐	☐	☐
(5) Detailhandel (Innenstadt)	☐	☐	☐
(6) Detailhandel (periphere Lagen)	☐	☐	☐
(7) Logistik	☐	☐	☐
(8) Projektentwicklungen (jegliche Nutzungsarten)	☐	☐	☐
(9) Wohnen im Alter / Gesundheitssektor	☐	☐	☐
(10) Hotel / Kongresszentren	☐	☐	☐

13. Welche Erwartungen haben Sie bezüglich der <u>Mietpreisentwicklung</u> der folgenden Anlageklassen in den nächsten 3 Jahren?

Immobilieninvestitionen	steigend	unverändert	sinkend
(1) Wohnen (Ballungszentren)	☐	☐	☐
(2) Wohnen (periphere Lagen)	☐	☐	☐
(3) Büro (Innenstadt)	☐	☐	☐
(4) Büro (periphere Lagen)	☐	☐	☐
(5) Detailhandel (Innenstadt)	☐	☐	☐
(6) Detailhandel (periphere Lagen)	☐	☐	☐
(7) Logistik	☐	☐	☐
(8) Projektentwicklungen (jegliche Nutzungsarten)	☐	☐	☐
(9) Wohnen im Alter / Gesundheitssektor	☐	☐	☐
(10) Hotel / Kongresszentren	☐	☐	☐

14. Welche Veränderungen konnten Sie im Zusammenhang mit COVID-19 in Ihrem Immobilienportfolio (<u>direkt Inland</u>) feststellen?

	trifft zu	trifft tw. zu	trifft tw. nicht zu	trifft nicht zu	keine Meinung / unsicher
(1) Investitionsziele für 2020 wurden nicht erreicht	☐	☐	☐	☐	☐
(2) Investitionsziele für 2021 wurden gesenkt	☐	☐	☐	☐	☐
(3) Re-Pricing laufender Transaktionen / günstigere Konditionen	☐	☐	☐	☐	☐
(4) Bewertungskorrekturen (Abwertungen)	☐	☐	☐	☐	☐
(5) Erschwerte Vermietbarkeit / Absorptionsdauer stieg an	☐	☐	☐	☐	☐
(6) Optimierung der Mieterstruktur im Bestand (Gewerbe)	☐	☐	☐	☐	☐
(7) Anstieg des Wohnflächenbedarfs pro Haushalt	☐	☐	☐	☐	☐
(8) Vermehrtes Interesse an peripheren Wohnlagen	☐	☐	☐	☐	☐
(9) Besichtigungen wurden digital durchgeführt	☐	☐	☐	☐	☐
(10) Vermehrt Investitionen in Core Objekte / risikoaverses Investitionsverhalten	☐	☐	☐	☐	☐
(11) Sonstige: _____	☐	☐	☐	☐	☐

15. Welche Aussagen treffen in Bezug auf den künftigen Immobilienmarkt (in den nächsten 3 Jahren) zu?

Direkte Immobilienanlagen im Inland	trifft zu	trifft tw. zu	trifft tw. nicht zu	trifft nicht zu	keine Meinung / unsicher
(1) Es ist ein passendes Produktangebot aus Investorensicht vorhanden	☐	☐	☐	☐	☐
(2) Über 50% der Immobilien liegen im Umkreis von 25 km zum Sitz der Inst.	☐	☐	☐	☐	☐
(3) Fokus Direktanlagen bleibt im Inland	☐	☐	☐	☐	☐
(4) Direkte Immobilienanlagen gewinnen ggü. indirekten an Attraktivität	☐	☐	☐	☐	☐
(5) Renditesteigerungen erfolgen zukünftig durch Optimierungen der Cashflows	☐	☐	☐	☐	☐
(6) Risiko / Rendite Spektrum wird sich in Städten weiter ausdehnen	☐	☐	☐	☐	☐

(7)	Nachhaltigkeit ist ein Kriterium für Investitionsentscheidungen	□	□	□	□	□
(8)	Eine Zertifizierung nach SNBS-SGS / SGNI ist ein Investitionskriterium	□	□	□	□	□
(9)	Eine internationale Zert. (LEED, BREEAM) ist ein Investitionskriterium	□	□	□	□	□
(10)	Anstieg der Markttransparenz	□	□	□	□	□
(11)	Immobilienmarkt Schweiz wird vermehrt zum Eigentumsmarkt	□	□	□	□	□
(12)	Weitere Reduktion der Diskontsätze in den nächsten 3 Jahren	□	□	□	□	□
(13)	Vermehrte Investitionen im Bestand im Vergleich zu Akquisitionen	□	□	□	□	□
(14)	Immobilienmarkt deckt die bestehende Wohnungsnachfrage der Gesellschaft	□	□	□	□	□
(15)	Zunahme der Nachfrage an Co-Working Spaces	□	□	□	□	□

**16. Bitte bewerten Sie die folgenden Schlüsselwörter der Wichtigkeit nach für die Zukunft der
direkten Immobilienanlagen (post COVID-19-Zeit / ab Ende 2021)?**

		sehr wichtig	wichtig	unwichtig	sehr unwichtig	keine Meinung / unsicher
Megatrends - Immobilienmarkt						
(1)	Smart City (Smart Building / Living)	□	□	□	□	□
(2)	Technologischer Fortschritt	□	□	□	□	□
(3)	Digitalisierung	□	□	□	□	□
(4)	Urbanisierung	□	□	□	□	□
(5)	Globalisierung	□	□	□	□	□
Megatrends - Pensionskassen						
(1)	Nachhaltigkeit	□	□	□	□	□
(2)	Umwandlungssatz, Verhältnis Rentner / Beitragszahler	□	□	□	□	□
(3)	Flexibilität / Fokus Kerngeschäft	□	□	□	□	□
(4)	Prudent Investor Rule (Gegenteil: BVV 2 / fixe Anlagebandbreite)	□	□	□	□	□
(5)	Geografische Diversifikation des Portfolios	□	□	□	□	□

Teil C – Indirekte Immobilienanlagen

> **Sofern Sie keine Investitionen in indirekte Immobilienanlagen getätigt haben oder
> zukünftig planen, fahren Sie bitte mit Teil D fort.**

**17. Wie hoch ist Ihre durchschnittlich tatsächlich erzielte Rendite («Total Return»), jeweils im Inland
und Ausland (währungsbereinigt, ggf. Antwortfelder freilassen)? Bitte geben Sie ggf. Bandbreiten
an.**

		Tatsächliche Rendite in %
Inland		
(1)	Total Return in Prozent in **2019**	_____
(2)	Total Return in Prozent in **2020**	_____
(3)	Total Return in Prozent in **2021, erwartet**	_____
Ausland (Länderdurchschnitt)		
(4)	Total Return in Prozent in **2019**	_____
(5)	Total Return in Prozent in **2020**	_____
(6)	Total Return in Prozent in **2021, erwartet**	_____

**18. Aus welchen Gründen investieren Sie in indirekte Immobilienanlagen bzw. würden in diese
investieren? Bitte gewichten Sie die folgenden Motive nach der Wichtigkeit, jeweils für Inland
und Ausland.**

		sehr wichtig	wichtig	unwichtig	sehr unwichtig	keine Meinung / unsicher
Inland						
(1)	Erhöhung der Fungibilität	□	□	□	□	□
(2)	Mangelndes Volumen für direkte Immobilieninvestitionen	□	□	□	□	□
(3)	Erschliessung neuer (unbekannter) Märkte	□	□	□	□	□
(4)	Steuerliche Gründe	□	□	□	□	□
(5)	Transparentes Gebührenmodell	□	□	□	□	□
(6)	Outsourcing der Bewirtschaftung	□	□	□	□	□
(7)	Outsourcing der Asset Allocation	□	□	□	□	□

(8)	Einsparung von internen Ressourcen	☐	☐	☐	☐	☐
(9)	Bilanzielle Gründe / Zurechnung des Anlageerfolgs	☐	☐	☐	☐	☐
(10)	Risiko / Return-Struktur	☐	☐	☐	☐	☐
(11)	Diversifikation	☐	☐	☐	☐	☐
(12)	Einfachere Implementierung	☐	☐	☐	☐	☐
(13)	Bessere Strukturierungsmöglichkeiten	☐	☐	☐	☐	☐
(14)	Kostenvorteile	☐	☐	☐	☐	☐
(15)	Sonstige: _____	☐	☐	☐	☐	☐

Ausland

(1)	Erhöhung der Fungibilität	☐	☐	☐	☐	☐
(2)	Mangelndes Volumen für direkte Immobilieninvestitionen	☐	☐	☐	☐	☐
(3)	Erschliessung neuer (unbekannter) Märkte	☐	☐	☐	☐	☐
(4)	Steuerliche Gründe	☐	☐	☐	☐	☐
(5)	Transparentes Gebührenmodell	☐	☐	☐	☐	☐
(6)	Outsourcing der Bewirtschaftung	☐	☐	☐	☐	☐
(7)	Outsourcing der Asset Allocation	☐	☐	☐	☐	☐
(8)	Einsparung von internen Ressourcen	☐	☐	☐	☐	☐
(9)	Bilanzielle Gründe / Zurechnung des Anlageerfolgs	☐	☐	☐	☐	☐
(10)	Risiko / Return-Struktur	☐	☐	☐	☐	☐
(11)	Diversifikation	☐	☐	☐	☐	☐
(12)	Einfachere Implementierung	☐	☐	☐	☐	☐
(13)	Bessere Strukturierungsmöglichkeiten	☐	☐	☐	☐	☐
(14)	Kostenvorteile	☐	☐	☐	☐	☐
(15)	Sonstige: _____	☐	☐	☐	☐	☐

19. Sofern Sie bisher NICHT im Ausland investiert haben: Welche Gründe hindern Sie an Investition im Ausland?

		trifft zu	trifft tw. zu	trifft tw. nicht zu	trifft nicht zu	keine Meinung / unsicher
(1)	Unternehmensinterne Restriktionen	☐	☐	☐	☐	☐
(2)	Fehlende Managementkapazität	☐	☐	☐	☐	☐
(3)	Kosten- und Kontrollaufwand	☐	☐	☐	☐	☐
(4)	Währungsrisiken	☐	☐	☐	☐	☐
(5)	Intransparenz auf ausländischen Märkten / fehlende Marktkenntnis	☐	☐	☐	☐	☐
(6)	Mangelnde Investitionsvolumina	☐	☐	☐	☐	☐
(7)	Politische / rechtliche Risiken	☐	☐	☐	☐	☐
(8)	Mangelnde Erfahrung / keine Gelegenheit / Rückzug aus Ausland	☐	☐	☐	☐	☐
(9)	Hohe Attraktivität des inländischen Marktes	☐	☐	☐	☐	☐
(10)	Unsicherheit aufgrund von COVID-19	☐	☐	☐	☐	☐
(11)	Sonstige: _____	☐	☐	☐	☐	☐

20. Wie verteilen sich Ihre indirekten Immobilienanlagen bei Investitionen im Inland auf die nachfolgend genannten Gefässe? Planen Sie Veränderungen bis 2024 (Verkehrswert, in Bezug auf 2020)?

Sofern Sie nicht über indirekte Anlagen im Inland verfügen oder Investition in diese planen, fahren Sie bitte mit Frage 22 fort.

Investitionen im Inland	Investment (in Prozent)	steigend / in Planung	gleichbleibend	abnehmend
(1) Anlagestiftungen (direkte Immobilienanlagen)		☐	☐	☐
(2) Anlagestiftungen (Fund of Funds)		☐	☐	☐
(3) SICAV		☐	☐	☐
(4) Immobilien-Aktiengesellschaften / Real Estate Investment Trusts		☐	☐	☐
(5) Dachfonds (Fund of Funds)		☐	☐	☐
(6) Offener Immobilienfonds		☐	☐	☐
(7) Kommanditgesellschaft für kollektive Kapitalanlagen		☐	☐	☐
(8) Immobilien-Spezialfonds		☐	☐	☐
(9) Opportunity-Fonds / Real Estate Private Equity-Fonds		☐	☐	☐
(10) Infrastruktur-Fonds		☐	☐	☐
(11) Real Estate Debt Fonds		☐	☐	☐
(12) Fonds nach ESG-Kriterien / Nachhaltigkeit		☐	☐	☐

21. Bitte nennen Sie die absolute Höhe der Investitionen in Wohn- und Gewerbeliegenschaften bei indirekten Anlagen im Inland.

Investitionen in **Wohnliegenschaften** (Wohnanteil > 50%)
- 2019 in Mio. CHF
- 2020 in Mio. CHF

Investitionen in **Gewerbeliegenschaften** (Gewerbeanteil > 50%)
- 2019 in Mio. CHF
- 2020 in Mio. CHF

Verkehrswert
_____
_____
_____
_____

22. Wie verteilen sich Ihre indirekten Immobilienanlagen bei Investitionen im Ausland auf die nachfolgend genannten Gefässe? Planen Sie Veränderungen bis 2024 (Verkehrswert, in Bezug auf 2020)?

Sofern Sie nicht über indirekte Anlagen im Ausland verfügen oder Investition in diese planen, fahren Sie bitte mit Frage 24 fort.

Investitionen im Ausland	Investment (in Prozent)	steigend / in Planung	gleichbleibend	abnehmend
(1) Anlagestiftungen (direkte Immobilienanlagen)		☐	☐	☐
(2) Anlagestiftungen (Fund of Funds)		☐	☐	☐
(3) SICAV		☐	☐	☐
(4) Immobilien-Aktiengesellschaften / Real Estate Investment Trusts		☐	☐	☐
(5) Dachfonds (Fund of Funds)		☐	☐	☐
(6) Offener Immobilienfonds		☐	☐	☐
(7) Kommanditgesellschaft für kollektive Kapitalanlagen		☐	☐	☐
(8) Immobilien-Spezialfonds		☐	☐	☐
(9) Opportunity-Fonds / Real Estate Private Equity-Fonds		☐	☐	☐
(10) Infrastruktur-Fonds		☐	☐	☐
(11) Real Estate Debt Fonds		☐	☐	☐
(12) Fonds nach ESG-Kriterien / Nachhaltigkeit		☐	☐	☐

23. Bitte nennen Sie die absolute Höhe der Investitionen in Wohn- und Gewerbeliegenschaften bei indirekten Anlagen im Ausland.

Investitionen in **Wohnliegenschaften** (Wohnanteil > 50%)
- 2019 in Mio. CHF
- 2020 in Mio. CHF

Investitionen in **Gewerbeliegenschaften** (Gewerbeanteil > 50%)
- 2019 in Mio. CHF
- 2020 in Mio. CHF

Verkehrswert
_____
_____
_____
_____

24. Welche Charakteristika sollte ein „ideales" Anlageprodukt bzw. Anlagegefäss aufweisen?

	sehr wichtig	wichtig	unwichtig	sehr unwichtig	keine Meinung / unsicher
(1) Führende Marktstellung / Volumen des Produktes	☐	☐	☐	☐	☐
(2) Track Record / Leistungsnachweis / Gründungsjahr	☐	☐	☐	☐	☐
(3) Transparentes und effizientes Kosten-/Gebührenmodell	☐	☐	☐	☐	☐
(4) Liquidität / kurze Kündigungsfristen	☐	☐	☐	☐	☐
(5) Fokussierung auf bestimmte Nutzungsarten	☐	☐	☐	☐	☐
(6) Fokussierung auf bestimmte Regionen	☐	☐	☐	☐	☐
(7) Aktives Bestandsmanagement (Buy & Sell)	☐	☐	☐	☐	☐
(8) Passives Bestandsmanagement (Buy & Hold)	☐	☐	☐	☐	☐
(9) Starke Basis im Heimatmarkt	☐	☐	☐	☐	☐
(10) Präsenz an Wachstumsstandorten	☐	☐	☐	☐	☐
(11) Internes Wachstum (Portfolioumschlag)	☐	☐	☐	☐	☐
(12) Externes Wachstum (M&A)	☐	☐	☐	☐	☐
(13) Transparenz / Publizität nach internat. Standards / Corporate Governance	☐	☐	☐	☐	☐
(14) Hoher Leverage / Fremdkapital	☐	☐	☐	☐	☐
(15) Fokus Nachhaltigkeit / Erreichung der Nachhaltigkeitsziele	☐	☐	☐	☐	☐
(16) Sonstige:_____	☐	☐	☐	☐	☐

25. Welche Veränderungen konnten Sie im Zusammenhang mit COVID-19 in Ihrem Immobilienportfolio feststellen?

	trifft zu	trifft tw.	trifft tw. nicht zu	trifft nicht zu	keine Meinung / unsicher
(1) Investitionsziele für 2020 wurden nicht erreicht	☐	☐	☐	☐	☐
(2) Investitionsziele für 2021 wurden gesenkt	☐	☐	☐	☐	☐
(3) Senkung der Ausschüttungsrendite	☐	☐	☐	☐	☐
(4) Produkt-Neulancierungen wurden verschoben / abgesagt	☐	☐	☐	☐	☐
(5) Bewertungskorrekturen	☐	☐	☐	☐	☐
(6) Rückzug aus nicht-kotierten Anlagegefässen	☐	☐	☐	☐	☐
(7) Rückzug aus kotierten Anlagegefässen	☐	☐	☐	☐	☐
(8) Langsamere Entscheidungsfindung	☐	☐	☐	☐	☐
(9) Indirekte Immobilienanlagen waren krisenfester als direkte Investitionen	☐	☐	☐	☐	☐
(10) Vermehrte Investitionen in Core Objekte / risikoaverses Investitionsverhalten	☐	☐	☐	☐	☐
(11) Sonstige: _____	☐	☐	☐	☐	☐

26. In welche der genannten Länder und Nutzungsarten planen Sie, in den nächsten 3 Jahren indirekt zu investieren (Mehrfachantworten möglich, ggf. Antwortfelder freilassen)?

	Büro	Retail	Wohnen	Spezialliegenschaften	Projektentwicklungen
(1) Schweiz	☐	☐	☐	☐	☐
(2) Deutschland	☐	☐	☐	☐	☐
(3) Österreich	☐	☐	☐	☐	☐
(4) Skandinavien	☐	☐	☐	☐	☐
(5) UK	☐	☐	☐	☐	☐
(6) BeNeLux	☐	☐	☐	☐	☐
(7) Frankreich	☐	☐	☐	☐	☐
(8) Spanien	☐	☐	☐	☐	☐
(9) Italien	☐	☐	☐	☐	☐
(10) Ost- / Südosteuropa / Russland	☐	☐	☐	☐	☐
(11) Nordamerika	☐	☐	☐	☐	☐
(12) Südamerika	☐	☐	☐	☐	☐
(13) Asien	☐	☐	☐	☐	☐

27. Wie bewerten Sie die untenstehenden Aussagen in Bezug auf indirekte Immobilienanlagen im In- und Ausland?

Indirekte Immobilienanlagen im Inland	trifft zu	trifft tw. zu	trifft tw. nicht zu	trifft nicht zu	keine Meinung / unsicher
(1) Im Heimatmarkt ist ein passendes Produktangebot vorhanden	☐	☐	☐	☐	☐
(2) Neue Produkte werden frühstens in 3-5 Jahren auf den Markt lanciert	☐	☐	☐	☐	☐
(3) Produkt- und Strukturierungsmöglichkeiten sind bekannt	☐	☐	☐	☐	☐
(4) Die Strukturierungsmöglichkeiten entsprechen Ihren Anforderungen	☐	☐	☐	☐	☐
(5) Ausschüttungsrenditen unter 3% werden zur Norm	☐	☐	☐	☐	☐
(6) Anstieg der Markttransparenz	☐	☐	☐	☐	☐
(7) Die Anbieter gehen in ausreichendem Masse auf Investitionsbedürfnisse ein	☐	☐	☐	☐	☐
(8) Investitionen in inländische Gefässe bieten einen Vorteil ggü. ausl. Gefässe	☐	☐	☐	☐	☐
(9) Für Investitionen sind Immobilienfonds attraktiver als Aktiengesellschaften	☐	☐	☐	☐	☐
(10) Die Verknüpfung von digitaler und realer Welt („Internet of Things") führt zu einer Optimierung des Immobilienmanagements	☐	☐	☐	☐	☐
(11) Blockchain-Technologie wird in den nächsten 5 Jahren bestehende Prozesse und Transaktionsstrukturen positiv verändern	☐	☐	☐	☐	☐
(12) Technologische Innovation und Nachhaltigkeit sind die künftigen Werttreiber	☐	☐	☐	☐	☐
(13) Tiefere Renditeerwartungen bei Anlagegefässen mit hohem Wohnanteil	☐	☐	☐	☐	☐
(14) Tiefere Renditeerwartungen bei Anlagegefässen mit hohem Gewerbeanteil	☐	☐	☐	☐	☐

■ Anhang 1: Fragebogen in Deutsch

Indirekte Immobilienanlagen im Ausland	trifft zu	trifft tw. zu	trifft tw. nicht zu	trifft nicht zu	keine Meinung / unsicher
(1) Im Ausland ist ein passendes Produktangebot vorhanden	☐	☐	☐	☐	☐
(2) Neue Produkte werden frühstens in 3-5 Jahren auf den Markt lanciert	☐	☐	☐	☐	☐
(3) Produkt- und Strukturierungsmöglichkeiten sind bekannt	☐	☐	☐	☐	☐
(4) Die Strukturierungsmöglichkeiten entsprechen Ihren Anforderungen	☐	☐	☐	☐	☐
(5) Ausschüttungsrenditen unter 3% werden zur Norm	☐	☐	☐	☐	☐
(6) Anstieg der Markttransparenz	☐	☐	☐	☐	☐
(7) Die Anbieter gehen in ausreichendem Masse auf Investitionsbedürfnisse ein	☐	☐	☐	☐	☐
(8) Investitionen in ausländische Gefässe bieten einen Vorteil ggü. inl. Gefässen	☐	☐	☐	☐	☐
(9) Für Investitionen sind Immobilienfonds attraktiver als Aktiengesellschaften	☐	☐	☐	☐	☐
(10) Die Verknüpfung von digitaler und realer Welt („Internet of Things") führt zu einer Optimierung des Immobilienmanagements	☐	☐	☐	☐	☐
(11) Blockchain-Technologie wird in den nächsten 5 Jahren bestehende Prozesse und Transaktionsstrukturen positiv verändern	☐	☐	☐	☐	☐
(12) Technologische Innovation und Nachhaltigkeit sind die künftigen Werttreiber	☐	☐	☐	☐	☐
(13) Tiefere Renditeerwartungen bei Anlagegefässen mit hohem Wohnanteil	☐	☐	☐	☐	☐
(14) Tiefere Renditeerwartungen bei Anlagegefässen mit hohem Gewerbeanteil	☐	☐	☐	☐	☐
(15) Zukünftige Investitionen erfolgen in Länder mit einer hohen Stabilität / Verlässlichkeit in Politik und Gesundheitssystem	☐	☐	☐	☐	☐

28. Bitte bewerten Sie die folgenden Schlüsselwörter der Wichtigkeit nach für die Zukunft der indirekten Immobilienanlagen (post COVID-19-Zeit / ab Ende 2021)?

Megatrends - Immobilienmarkt	sehr wichtig	wichtig	unwichtig	sehr unwichtig	keine Meinung / unsicher
(1) Smart City (Smart Building / Living)	☐	☐	☐	☐	☐
(2) Technologischer Fortschritt	☐	☐	☐	☐	☐
(3) Digitalisierung	☐	☐	☐	☐	☐
(4) Urbanisierung	☐	☐	☐	☐	☐
(5) Globalisierung	☐	☐	☐	☐	☐

Megatrends - Pensionskassen					
(1) Nachhaltigkeit	☐	☐	☐	☐	☐
(2) Umwandlungssatz, Verhältnis Rentner / Beitragszahler	☐	☐	☐	☐	☐
(3) Flexibilität / Fokus Kerngeschäft	☐	☐	☐	☐	☐
(4) Prudent Investor Rule (Gegenteil: BVV 2 / fixe Anlagebandbreite)	☐	☐	☐	☐	☐
(5) Geografische Diversifikation des Portfolios	☐	☐	☐	☐	☐

Anhang 2: Statistische Verfahren

Grounded Theory

Veränderungen im direkten Portfolio	N Gültig	Fehlend	Mittelwert	Median	Std.-Abweichung	Code
Investitionsziele für 2020 wurden nicht erreicht	40	13	1.7	2	0.6	Anlagestrategie
Investitionsziele für 2021 wurden gesenkt	39	14	1.9	2	0.3	Anlagestrategie
Re-Pricing laufender Transaktionen (zu günstigeren Konditionen)	39	14	2.2	2	0.4	Investitionen
Bewertungskorrekturen (Abwertungen)	39	14	1.9	2	0.4	Bewertung
Transaktionsabschlüsse wurden verschoben	39	14	1.9	2	0.5	Investitionen
Erschwerte Vermietbarkeit / Absorptionsdauer stieg an	39	14	1.7	2	0.6	Wohnmarkt
Optimierung der Mieterstruktur im Bestand (Gewerbe)	40	13	2.1	2	0.6	Gewerbemarkt
Anstieg des Wohnflächenbedarfs pro Haushalt	39	14	2.0	2	0.7	Wohnmarkt
Vermehrtes Interesse an peripheren Wohnlagen	39	14	2.1	2	0.7	Urbanisierung
Besichtigungen wurden digital durchgeführt	39	14	1.8	2	0.7	Digitalisierung
Vermehrt Investitionen in Core Objekte / risikoaverseres Investitionsverhalten	39	14	1.9	2	0.7	Anlagestrategie

Abbildung 23: **Codierung – Veränderung im direkten Immobilienportfolio**

Veränderungen im indirekten Portfolio Schweiz	N Gültig	Fehlend	Mittelwert	Median	Std.-Abweichung	Code
Investitionsziele für 2020 wurden nicht erreicht	32	21	2.0	2	0.7	Anlagestrategie
Investitionsziele für 2021 wurden gesenkt	31	22	1.9	2	0.7	Anlagestrategie
Senkung der Ausschüttungsrendite	31	22	1.8	2	0.6	Bewertung
Produkt-Neulancierungen wurden verschoben / abgesagt	31	22	2.1	2	0.7	Investitionen
Bewertungskorrekturen (Abwertungen)	30	23	1.9	2	0.7	Bewertung
Rückzug aus nicht-kotierten Anlagegefässen	32	21	2.2	2	0.5	Anlagegefässe
Rückzug aus kotierten Anlagegefässen	32	21	2.1	2	0.6	Anlagegefässe
Langsamere Entscheidungsfindung	31	22	2.0	2	0.6	-
Indirekte Immobilienanlagen waren krisenfester als direkte Immobilieninvestitionen	31	22	2.0	2	0.7	Direkt/Indirekt
Vermehrt Investitionen in Core Objekte / risikoaverseres Investitionsverhalten	31	22	2.1	2	0.7	Anlagestrategie

Abbildung 24: **Codierung – Veränderung im indirekten Immobilienportfolio Schweiz**

Veränderungen im indirekten Portfolio Ausland	N Gültig	Fehlend	Mittelwert	Median	Std.-Abweichung	Code
Investitionsziele für 2020 wurden nicht erreicht	25	28	1.6	2	0.7	Anlagestrategie
Investitionsziele für 2021 wurden gesenkt	24	29	1.8	2	0.6	Anlagestrategie
Senkung der Ausschüttungsrendite	24	29	1.4	1	0.6	Bewertung
Produkt-Neulancierungen wurden verschoben / abgesagt	24	29	1.9	2	0.7	Investitionen
Bewertungskorrekturen (Abwertungen)	24	29	1.5	1	0.7	Bewertung
Rückzug aus nicht-kotierten Anlagegefässen	23	30	2.1	2	0.6	Anlagegefässe
Rückzug aus kotierten Anlagegefässen	25	28	2.2	2	0.6	Anlagegefässe
Langsamere Entscheidungsfindung	24	29	1.8	2	0.7	-
Indirekte Immobilienanlagen waren krisenfester als direkte Immobilieninvestitionen	24	29	2.0	2	0.7	Direkt/Indirekt
Vermehrt Investitionen in Core Objekte / risikoaverseres Investitionsverhalten	24	29	1.9	2	0.8	Anlagestrategie

Abbildung 25: **Codierung – Veränderung im indirekten Immobilienportfolio Ausland**

Veränderungen im Immobilienmarkt Schweiz	N Gültig	Fehlend	Mittelwert	Median	Std.-Abweichung	Code
Im Heimatmarkt ist ein passendes Produktangebot vorhanden	32	21	2.1	2	1.4	-
Neue Produkte werden frühstes in 3-5 Jahre auf den Markt lanciert	31	22	3.8	4	1.1	Investitionen
Produkt- und Strukturierungsmöglichkeiten sind bekannt	31	22	2.2	2	1.4	-
Die Strukturierungsmöglichkeiten entsprechen Ihren Anforderungen	31	22	2.2	2	1.4	-
Ausschüttungsrendite unter 3% wird zur Norm	31	22	2.8	2	1.4	Bewertung
Anstieg der Markttransparenz im Inland	31	22	2.9	2	1.4	Digitalisierung
Die Anbieter gehen in ausreichendem Masse auf Investitionsbedürfnisse ein	30	23	2.5	2	1.4	-
Investitionen in int. Gefässe bieten einen Vorteil ggü. ausl. Gefässen	32	21	3.0	2	1.6	Inland/Ausland
Investitionen in Immobilienfonds sind attraktiver als in Aktiengesellschaften	31	22	3.1	3	1.6	Anlagegefässe
Die Verknüpfung von digitaler und realer Welt ("Internet of Things") führt zu einer Optimierung des Immobilienmanagements	31	22	2.6	2	1.4	Digitalisierung
Blockchain-Technologie wird in den nächsten 5 Jahren bestehende Prozesse und Transaktionsstrukturen positiv verändern	31	22	3.5	4	1.5	Digitalisierung
Technologische Innovationen & Nachhaltigkeit sind die künftigen Werttreiber	31	22	2.5	2	1.4	Technologischer Fortschritt & Nachhaltigkeit
Tiefere Renditeerwartungen bei Anlagegefässen mit hohem Wohnanteil	31	22	2.7	2	1.3	Rendite
Tiefere Renditeerwartungen bei Anlagegefässen mit hohem Gewerbeanteil	31	22	2.4	2	1.4	Rendite

Abbildung 26: **Codierung – Veränderung im Immobilienmarkt Schweiz (indirekt)**

Veränderungen im Immobilienmarkt Ausland	N Gültig	Fehlend	Mittelwert	Median	Std.-Abweichung	Code
Im Ausland ist ein passendes Produktangebot vorhanden	30	23	1.3	1.0	0.7	-
Neue Produkte werden frühstens in 3-5 Jahre auf den Markt lanciert	29	24	2.0	2.0	0.8	Investitionen
Produkt- und Strukturierungsmöglichkeiten sind beaknnt	28	25	1.4	1.0	0.8	-
Die Strukturierungsmöglichkeiten entsprechen Ihren Anforderungen	29	24	1.4	1.0	0.8	-
Ausschüttungsrendite unter 3% werden zur Norm	29	24	1.9	2.0	0.7	Bewertung
Anstieg der Markttransparenz	29	24	1.4	1.0	0.7	Digitalisierung
Die Anbieter gehen in ausreichendem Masse auf Investitionsbedürfnisse ein	29	24	1.4	1.0	0.7	-
Investitionen in inl. Gefässe bieten einen Vorteil ggü. ausl. Gefässen	28	25	1.7	1.0	0.9	Inland/Ausland
Für Investition sind Immobilienfonds attraktiver als Aktiengesellschaften	30	23	1.5	1.0	0.8	Anlagegefässe
Die Verknüpfung von digitaler und real Welt ("Internet of Things") führt zu einer Optimierung des Immobilienmanagements	29	24	1.5	1.0	0.8	Digitalisierung
Blockchain-Technologie wird in den nächsten 5 Jahren bestehende Prozesse und Transaktionsstrukturen positiv verändern	29	24	1.8	1.0	0.9	Digitalisierung
Technologische Innovationen & Nachhaltigkeit sind die künftigen Werttreiber	29	24	1.2	1.0	0.6	Technologischer Fortschritt & Nachhaltigkeit
Tiefere Renditeerwartungen bei Anlagegefässen mit hohem Wohnanteil	28	25	1.6	1.0	0.7	Rendite
Tiefere Renditeerwartungen bei Anlagegefässen mit hohem Gewerbeanteil	29	24	1.4	1.0	0.7	Rendite
Zukünftige Investitionen erfolgen in Länder mit einer hohen Stabilität / Verlässlichkeit in Politik und Gesundheitssystem	29	24	1.3	1.0	0.7	Globalisierung

Abbildung 27: **Codierung – Veränderung im Immobilienmarkt Ausland**

Deskriptive Statistik

		Direkt CH	Indirekt CH	Indirek A	Anteil Direkt CH	Anteil Indirekt CH	Anteil Indirekt A
N	Gültig	41	31	30	38	28	27
	Fehlend	12	22	23	15	25	26
Mittelwert		1'206	304	207	35%	16%	4%
Median		456	96	82	20%	11%	3%
Std.-Abweichung		1'789	465	498	35%	19%	2%
Schiefe		2.4	2.1	4.9	1.1	3.5	1.4
Standardfehler der Schiefe		0.4	0.4	0.4	0.4	0.4	0.4
Kurtosis		5.9	4.2	25.5	-0.4	15.1	2.8
Standardfehler der Kurtosis		0.7	0.8	0.8	0.7	0.9	0.9
Summe		49'429	9'433	6'203			
Minimum		3	1	1	0.3%	0.0%	0.0%
Maximum		8'113	1'915	2'748	100%	100%	10%
Perzentile	25	96	35	11	10%	6%	2%
	50	456	96	82	20%	11%	3%
	75	1'243	326	195	53%	19%	4%

Abbildung 28: **Deskriptive Statistik der Anlageklassen 2020**

		2019 - Total Return					2020 - Total Return				
		Direkt CH	Indirekt CH	Indirekt A	ungewichteter Mittelwert	gewichteter Mittelwert	Direkt CH	Indirekt CH	Indirekt A	ungewichteter Mittelwert	gewichteter Mittelwert
N	Gültig	39	29	22	50	50	39	28	23	50	51
	Fehlend	14	24	31	3	3	14	25	30	3	2
Mittelwert		4.8%	7.9%	6.1%	6.2%	6.3%	4.7%	5.2%	4.2%	4.9%	4.9%
Median		4.6%	7.0%	5.0%	5.7%	5.3%	4.3%	5.2%	4.0%	4.8%	4.8%
Std.-Abweichung		1.3%	3.7%	3.8%	2.9%	3.0%	1.7%	1.2%	1.6%	1.5%	1.6%
Minimum		2.8%	1.0%	1.9%	2.0%	2.1%	2.5%	2.0%	1.8%	1.8%	1.9%
Maximum		7.6%	14.0%	17.0%	16.0%	16.0%	9.5%	8.3%	8.3%	9.3%	9.2%
Perzentile	25	3.8%	5.0%	3.8%	4.3%	4.2%	3.4%	4.6%	3.5%	3.8%	3.6%
	50	4.6%	7.0%	5.0%	5.7%	5.3%	4.3%	5.2%	4.0%	4.8%	4.8%
	75	5.4%	11.5%	6.4%	7.3%	7.0%	5.8%	5.9%	4.6%	5.7%	5.7%

Abbildung 29: **Deskriptive Statistik der Total Returns**

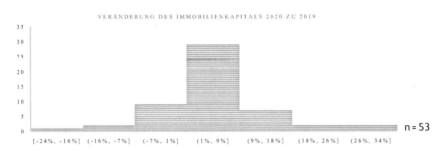

VERÄNDERUNG DES IMMOBILIENKAPITALS 2020 ZU 2019

n = 53

[-24%, -16%] (-16%, -7%] (-7%, 1%] (1%, 9%] (9%, 18%] (18%, 26%] (26%, 34%]

Abbildung 30: **Häufigkeitsverteilung des veränderten Immobilienkapitals 2020 ggü. 2019**

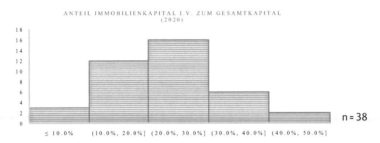

ANTEIL IMMOBILIENKAPITAL I.V. ZUM GESAMTKAPITAL (2020)

n = 38

≤ 10.0% (10.0%, 20.0%] (20.0%, 30.0%] (30.0%, 40.0%] (40.0%, 50.0%]

Abbildung 31: **Häufigkeitsverteil. des anteilmässigen Immobilienkapitals 2020 (bereinigt)**

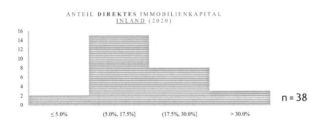

ANTEIL DIREKTES IMMOBILIENKAPITAL INLAND (2020)

n = 38

≤ 5.0% (5.0%, 17.5%] (17.5%, 30.0%] > 30.0%

Abbildung 32: **Häufigkeitsverteilungen anteilmässiges Immobilienkapital direkt – 2020**

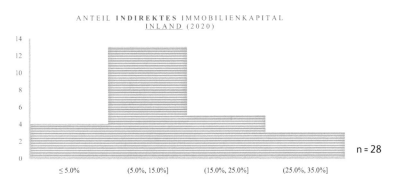

Abbildung 33: **Häufigkeitsverteil. anteilmässiges Immobilienkapital indirekt CH – 2020**

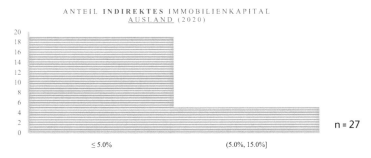

Abbildung 32: **Häufigkeitsverteilungen anteilmässiges Immobilienkapital direkt – 2020**

Test bei einer Stichprobe

Testwert = 0

	T	df	Sig. (2-seitig)	Mittlere Differenz	95% Konfidenzintervall der Differenz	
					Unterer Wert	Oberer Wert
Ende 2020 (in Mio. CHF) (Verkehrswert)	4,9	40	,000	6368	3724	9012
Total ImmoK 2020	4,2	40	,000	1328	688	1967
Direkt CH	3,5	29	,001	1310	555	2066
Indirekt CH	3,5	26	,002	333	139	528
Indirek Aus	2,2	24	,042	233	10	457
TR Direk	14,0	29	,000	4,75%	4,05%	5,44%
TR indirekt CH	24,2	24	,000	5,12%	4,68%	5,55%
TR indirekt A	11,8	20	,000	4,26%	3,51%	5,02%

Abbildung 35: **t-Test bei einer Stichprobe (N=53)**

Anhang 3: Zusammensetzung der Stichprobe

Investorentypen	N Statistik
Pensionskasse	32
Sammel- / Gemeinschaftsstiftung	11
(Lebens-) Versicherungsgesellschaft	0
Rückversicherungsgesellschaft	0
(Konzerninternes) Immobilien-Dienstleistungsunternehmen	0
Family Office	4
Anlagestiftung / Fondsgesellschaft	6
Summe	53

Abbildung 36: **Überblick der Umfrageteilnehmenden**

Assetallokation	investiertes Kapital in CHF Mio.		Veränderung (ungewichtet)	Anteil am Gesamtanlagekapital		Veränderung (ungewichtet)
	2019	2020		2019	2020	
Gesamtanlagekapital	248'627	270'179	8.7%	100%	100%	0.0%
Immobilienkapital	62'701	66'300	5.7%	25.2%	24.5%	-0.7%
direktes Immobilienkapital	46'737	49'429	5.8%	18.8%	18.3%	-0.5%
indirektes Immobilienkapital	14'855	15'637	5.3%	6.0%	5.8%	-0.2%
inländisches Immobilienkapital	55'769	58'863	5.5%	22.4%	21.8%	-0.6%
ausländisches Immobilienkapital	5'824	6'203	6.5%	2.3%	2.3%	0.0%

Abbildung 37: **Überblick über die Assetallokation**

Korrelationen

		Ende 2020 (in Mio. CHF) (Verkehrswert)	Total ImmoK 2020
Ende 2020 (in Mio. CHF) (Verkehrswert)	Pearson-Korrelation	1	,827[**]
	Sig. (2-seitig)		,000
	N	41	41
Total ImmoK 2020	Pearson-Korrelation	,827[**]	1
	Sig. (2-seitig)	,000	
	N	41	41

**. Die Korrelation ist auf dem Niveau von 0,01 (2-seitig) signifikant.

Abbildung 38: **Korrelation nach Bravais Pearson – gesamtes Anlagevolumen und Immobilienkapital 2020**

in Prozent vom gesamten Immobilienkapital nach Investorentyp (n= 53)

Abbildung 39: **Assetallokation nach Teilnehmergruppe (2020)**

Immobilien-Assetallokation 2020 – nach Investorentyp (n=53)

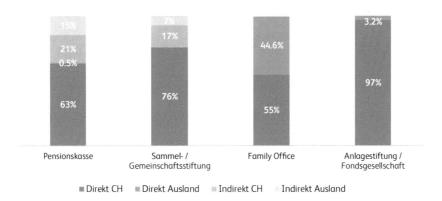

Abbildung 40: **Assetallokation nach Anlageklasse innerhalb der Teilnehmergruppe (2020)**

Anhang 4: Ergebnisse zu den direkten Immobilienanlagen

Korrelationen

		Ende 2020 (in Mio. CHF) (Verkehrswert)	Total ImmoK 2020	Direkt CH
Ende 2020 (in Mio. CHF) (Verkehrswert)	Pearson-Korrelation	1	,827**	,800**
	Sig. (2-seitig)		,000	,000
	N	41	41	30
Total ImmoK 2020	Pearson-Korrelation	,827**	1	,968**
	Sig. (2-seitig)	,000		,000
	N	41	41	30
Direkt CH	Pearson-Korrelation	,800**	,968**	1
	Sig. (2-seitig)	,000	,000	
	N	30	30	30

**. Die Korrelation ist auf dem Niveau von 0,01 (2-seitig) signifikant.

Abbildung 41: **Korrelation nach Bravais Pearson – Anlagevolumen zusätzlich direktes Immobilienvolumen 2020**

Korrelationen

		Anteil ImmoK 2020	anteil_direktCH
Anteil ImmoK 2020	Pearson-Korrelation	1	,936**
	Sig. (2-seitig)		,000
	N	41	30
anteil_direktCH	Pearson-Korrelation	,936**	1
	Sig. (2-seitig)	,000	
	N	30	30

**. Die Korrelation ist auf dem Niveau von 0,01 (2-seitig) signifikant.

Abbildung 42: **Korrelation nach Bravais Pearson - anteilmässiges Immobilienkapital gesamt und Direktanlagen – 2020**

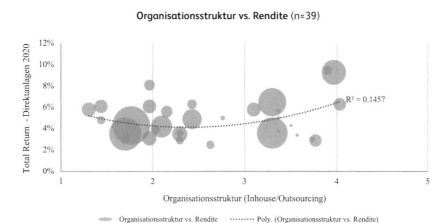

Abbildung 43: Polynomische Regression der Organisationsstruktur und Rendite

Abbildung 44: Organisationsstruktur im Real Estate Asset Management

| Sektorallokation - direkte Immobilienanlagen | N | | Summe | Anteil |
derzeit investiert	Gültig	Fehlend		
Wohnen (Ballungszentren)	39	14	39.0	42%
Wohnen (periphere Lagen)	31	22	31.0	
Büro (Innenstadt)	24	29	24.0	21%
Büro (periphere Lagen)	10	43	10.0	
Detailhandel (Innenstadt)	15	38	15.0	15%
Detailhandel (periphere Lagen)	9	44	9.0	
Logistik	4	49	4.0	
Projektentwicklung (jeglicher Nutzungsarten)	22	31	22.0	22%
Wohnen im Alter / Gesundheitssektor	9	44	9.0	
Hotel / Kongresszentren	2	51	2.0	
Summe			**165**	

Abbildung 45: **Frage «in welche Nutzungstypen sind Sie aktuell investiert?»**

Statistiken

		Wohnen (Wohnanteil > 50%) 2019 (Verkehrswert in Mio. CHF)	Wohnen (Wohnanteil > 50%) 2019 (Anzahl Liegenschaft en)	Wohnen (Wohnanteil > 50%) 2020 (Verkehrswert in Mio. CHF)	Wohnen (Wohnanteil > 50%) 2020 (Anzahl Liegenschaft en)	Gewerbe (Gewerbeant eil > 50%) 2019 (Verkehrswert in Mio. CHF)	Gewerbe (Gewerbeant eil > 50%) 2019 (Anzahl Liegenschaft en)	Gewerbe (Gewerbeant eil > 50%) 2020 (Verkehrswert in Mio. CHF)	Gewerbe (Gewerbeant eil > 50%) 2020 (Anzahl Liegenschaft en)
N	Gültig	34	33	32	31	18	18	18	18
	Fehlend	19	20	21	22	35	35	35	35
Mittelwert		669,45	43,63	747,94	46,42	515,89	22,55	507,21	21,889
Median		194,50	20,00	262,50	24,00	131,25	4,50	135,10	4,500
Summe		22761	1440	23934	1439	9286	406	9130	394,0

Abbildung 46: **Marktwert und Anzahl Liegenschaften (Wohnen & Gewerbe) 2019 u. 2020**

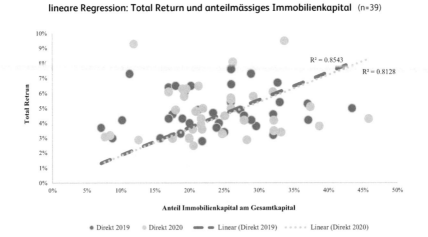

Abbildung 47: **lineare Regression - anteilmässiges Immobilienanlagevolumen und erzielte Rendite direkter Immobilienanlagen 2019 und 2020**

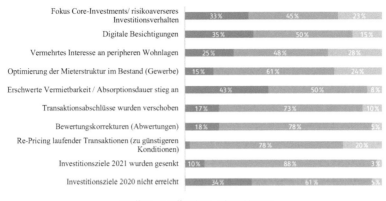

Veränderungen im Immobilienportfolio (direkt) Schweiz (n=39–40)

Abbildung 48: **Veränderungen im Immobilienportfolio (direkt gehalten) Schweiz**

Veränderungen im Immobilienmarkt Schweiz (n=37–40)

Abbildung 49: **Veränderungen im Immobilienmarkt Schweiz (direkt)**

zukünftige Anlagestrategie nach Nutzungstyp (n=32)

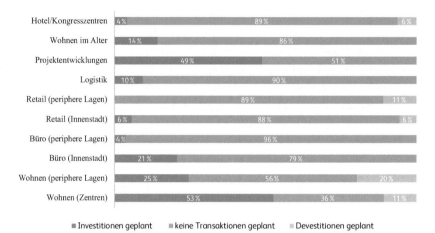

Abbildung 50: **Zukünftige Anlagestrategie nach Nutzungstyp – direkte Immobilien-anlagen Schweiz**

Anhang 5: Ergebnisse zu den indirekten Immobilienanlagen

Assetallokation nach Investmentvehikel (n=31)

Abbildung 51: **Assetallokation nach Investmentvehikel indirekt Schweiz – nach Anzahl Stimmen**

Korrelationen

			Ende 2020 (in Mio. CHF) (Verkehrswert)	Total ImmoK 2020	Indirekt CH
Spearman-Rho	Ende 2020 (in Mio. CHF) (Verkehrswert)	Korrelationskoeffizient	1,000	,898[**]	,623[**]
		Sig. (2-seitig)	.	,000	,000
		N	50	50	28
	Total ImmoK 2020	Korrelationskoeffizient	,898[**]	1,000	,682[**]
		Sig. (2-seitig)	,000	.	,000
		N	50	53	31
	Indirekt CH	Korrelationskoeffizient	,623[**]	,682[**]	1,000
		Sig. (2-seitig)	,000	,000	.
		N	28	31	31

**. Die Korrelation ist auf dem 0,01 Niveau signifikant (zweiseitig).

Abbildung 52: **Korrelation nach Spearman - gesamtes Anlage-, Immobilien- und indirektes Immobilienkapital 2020**

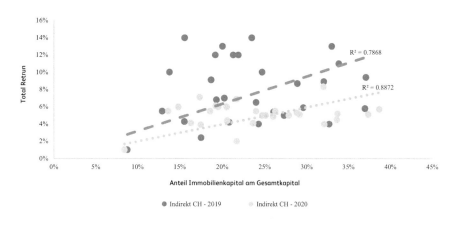

Abbildung 53: **lineare Regression der Rendite und des indirekten Immobilienkapitals Schweiz**

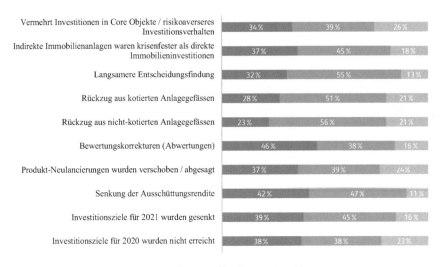

Veränderungen im Immobilienportfolio (indirekt Schweiz) (n=30–32)

	trifft zu	trifft nicht zu	keine Meinung
Vermehrt Investitionen in Core Objekte / risikoaverseres Investitionsverhalten	34%	39%	26%
Indirekte Immobilienanlagen waren krisenfester als direkte Immobilieninvestitionen	37%	45%	18%
Langsamere Entscheidungsfindung	32%	55%	13%
Rückzug aus kotierten Anlagegefässen	28%	51%	21%
Rückzug aus nicht-kotierten Anlagegefässen	23%	56%	21%
Bewertungskorrekturen (Abwertungen)	46%	38%	16%
Produkt-Neulancierungen wurden verschoben / abgesagt	37%	39%	24%
Senkung der Ausschüttungsrendite	42%	47%	11%
Investitionsziele für 2021 wurden gesenkt	39%	45%	16%
Investitionsziele für 2020 wurden nicht erreicht	38%	38%	23%

∎ trifft zu ∎ trifft nicht zu ∎ keine Meinung

Abbildung 54: **Veränderungen im Portfolio (indirekt Schweiz)**

Korrelationen

		Ende 2020 (in Mio. CHF) (Verkehrswert)	Total ImmoK 2020	Indirek Aus
Ende 2020 (in Mio. CHF) (Verkehrswert)	Pearson-Korrelation	1	,805**	,627**
	Sig. (2-seitig)		,000	,000
	N	50	50	27
Total ImmoK 2020	Pearson-Korrelation	,805**	1	,842**
	Sig. (2-seitig)	,000		,000
	N	50	53	30
Indirek Aus	Pearson-Korrelation	,627**	,842**	1
	Sig. (2-seitig)	,000	,000	

Abbildung 55: **Korrelation nach Pearson – indirektes Immobilienkapital Ausland**

Assetallokation nach Investmentvehikel (n=30)

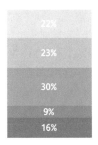

- Anlagestiftungen (direkte Immobilienanlagen)
- Anlagestiftungen (Fund of Funds)
- SICAV
- Immobilien-AG / REIT
- Spezialgefässe

Abbildung 56: **Assetallokation nach Investmentvehikel indirekt Ausland – nach Anzahl Stimmen**

lineare Regression: Total Return und anteilmässiges Immobilienkapital
(n=24)

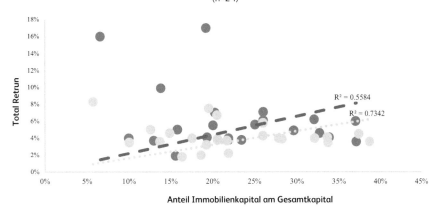

Abbildung 57: **lineare Regression der Rendite und des anteilmässig investierte Immobilienkapital (indirekt Ausland – 2020)**

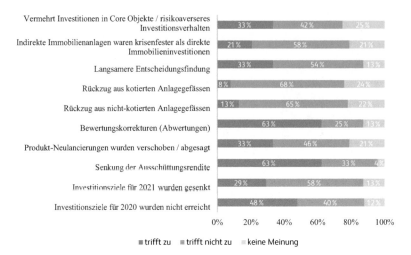

Abbildung 58: **Veränderungen im Portfolio (indirekt Ausland)**

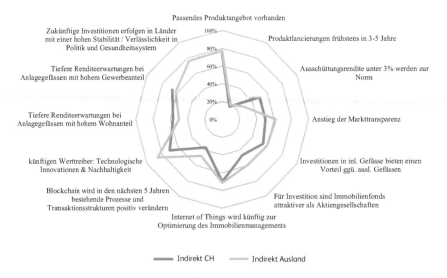

Abbildung 59: **Frage «Wie bewerten Sie die Aussagen in Bezug auf indirekte Immobilienanlagen?»**

Anhang 6: Ergebnisse zu den Forschungsfragen

«Gründe für und gegen indirekte Immobilieninvestitionen»

Abbildung 60: **Motive gegen indirekte Anlagen aus Sicht der Teilnehmergruppe direkter Anlagen**

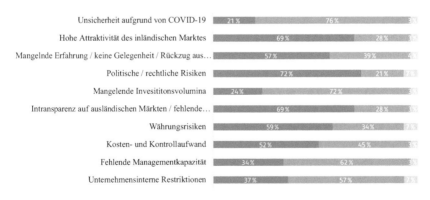

Abbildung 61: **Motive gegen indirekte Anlagen im Ausland aus Sicht der Teilnehmergruppe indirekter Anlagen Inland**

Motive für indirekte Investitionen Vergleich Inland und Ausland (n=27–30)

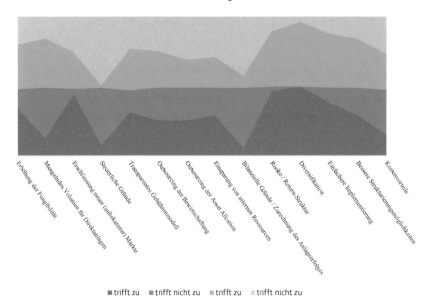

■ trifft zu ■ trifft nicht zu ■ trifft zu ▦ trifft nicht zu

Abbildung 62: **Motive für indirekte Immobilienanlagen – Vergleich Inland und Ausland**

«Zukünftige Immobilien-Assetallokation»

Statistiken

		Direkte Immobilieninv estitionen im Inland	Indirekte Immobilieninv estitionen im Inland	Indirekte Immobilieninv estitionen im Ausland
N	Gültig	46	41	37
	Fehlend	7	12	16
Mittelwert		1,565	1,902	1,595
Median		1,000	2,000	2,000
Std.-Abweichung		,7196	,6635	,6438
Summe		72,0	78,0	59,0

Abbildung 63: **zükünftige Immobilieninvestitionen**
(1 = steigend/in Planung, 2 = gleichbleibend, 3 = abnehmend)

Abbildung 64: **künftige Assetallokation nach Anlageklasse innerhalb der Investoren-gruppe – nach Anzahl Stimmen**

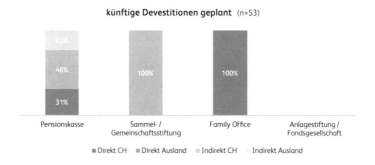

Abbildung 65: **künftige Devestitionen nach Anlageklasse innerhalb der Investoren-gruppe – nach Anzahl Stimmen**

Abbildung 66: **künftige Assetallokation-Strategie nach Anlageklasse – nach Anzahl Stimmen**

künftige Immobilieninvestitionen (n=53)

	direkt	indirekt
	13%	13%
	30%	50%
	57%	37%

▪ steigend/ in Planung   ▪ gleichbleibend   ▪ abnehmend

Abbildung 67: **künftige Assetallokation nach direkt und indirekt - nach Anzahl Stimmen**

Künftige Assetallokation nach Sektor und Land (n=31)

		Büro	Retail	Wohnen	Spezial-LG
Schweiz	12%	22%	11%	47%	19%
Deutschland	11%	38%	9%	35%	18%
Asien	11%	38%	15%	26%	21%
UK	10%	38%	10%	34%	17%
Nordamerika	10%	37%	17%	27%	20%
Frankreich	9%	36%	16%	28%	20%
Spanien	8%	33%	14%	29%	24%
Italien	7%	38%	14%	24%	24%
Skandinavien	7%	35%	10%	25%	30%
Benelux	7%	38%	19%	24%	19%
Österreich	5%	44%	13%	25%	19%
CEE/Russland	2%	67%	0%	33%	0%
Südamerika	1%	40%	20%	40%	0%

Ergebnis nach Anzahl Stimmen

Abbildung 68: **künftige Assetallokation nach Nutzungstyp und Land bei indirekten Immobilienanlagen – nach Anzahl Stimmen**

«Auswertung der Megatrends»

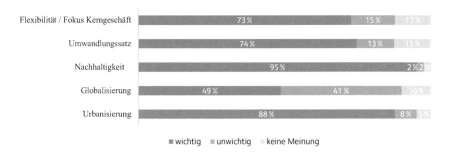

Abbildung 69: Megatrends der Immobilienbranche aus Sicht der direkt investierten Teilnehmenden

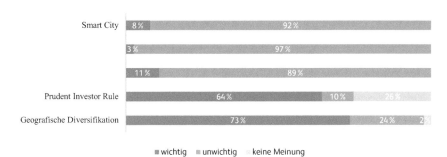

Abbildung 70: Megatrends der Vorsorgeeinrichtungen aus Sicht der direkt investierten Teilnehmenden

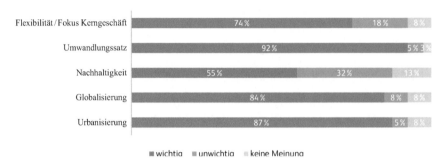

Megatrends der Immobilienbranche – indirekt (n=37–39)

Abbildung 71: **Megatrends der Immobilienbranche aus Sicht der indirekt investierten Teilnehmenden**

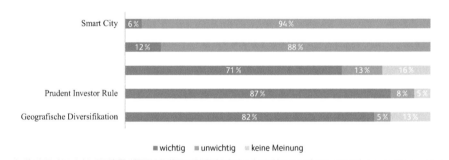

Megatrends der Vorsorgeeinrichtungen – indirekt (n=37–39)

Abbildung 72: **Megatrends der Vorsorgeeinrichtungen aus Sicht der indirekt investierten Teilnehmenden**

Autorin und Autoren

Danièle Kira Sterchi ist Transaction Managerin bei der Helvetica Property Investors AG in Zürich. Sie trat der Firma im August 2021 bei. Zuvor war Sie bei der Credit Suisse als Career-Starterin im Bereich Real Estate Investment Management tätig und nahm erfolgreich am IS&P Talent Development Programm teil. Anschliessend arbeitete sie für knapp 4 Jahre bei der Migros-Pensionskasse als Portfoliomanagerin für direkte Immobilienanlagen.

Frau Sterchi hält einen Bachelor-Abschluss in Business Administration und einen Master of Science in Real Estate der Hochschule Luzern. Sie besitzt nun über 10 Jahre Erfahrung in den Immobilienbereichen Bewirtschaftung, Transaktionswesen und Portfoliomanagement.

Prof. Dr. Michael Trübestein MRICS ist langjähriger Professor an der Hochschule Luzern und Initiator und Studiengangleiter des Master of Science in Real Estate (MScRE). Er präsidiert seit 2020 die Royal Institution of Chartered Surveyors (RICS) Switzerland. Von 2008 bis 2013 war er Professor für Immobilienmanagement und -investments an der Fachhochschule Kufstein (A).

Der eloquente Redner und Referent auf (inter)nationalen Veranstaltungen spricht über Immobilienstrategien, nationale wie globale Immobilieninvestments, Strategien im Asset Management, über die internationalen Immobilienmärkte und die fortschreitende Digitalisierung.

Trübestein ist Mitinitiator und Verfasser der jährlich erscheinenden Fachstudien zum «Real Estate Investment und Asset Management» (in Kooperation mit dem Schweizerischen Pensionskassenverband, seit 2014). In 2019 wirkte er an der weltweit ersten Tokenisierung einer Immobilie mit, dem «Hello World» in Baar.

In 2021 wählten ihn die Fachmedien in das «Who is Who» der 100 einflussreichsten und wichtigsten Persönlichkeiten der Schweizer Immobilienwirtschaft.

Dr. oec. HSG Matthias Daniel Aepli ist Dozent an der Hochschule Luzern (HSLU) und Unternehmer in der Immobilienbranche. Er hält einen Bachelor of Science in Betriebsökonomie der Fachhochschule Nordwestschweiz (FHNW), einen Master of Arts in Banking and Finance und einen Doktortitel in Wirtschaftswissenschaften der Universität St. Gallen (HSG).

Seit 2012 ist Matthias Daniel Aepli als Dozent für Corporate Finance, Risk Management und Real Estate Management an der Hochschule Luzern tätig. Neben seiner Tätigkeit an der Hochschule ist er Unternehmer in der Immobilienwirtschaft.

FSC
www.fsc.org

MIX

Papier | Fördert
gute Waldnutzung

FSC® C083411